国际育婴师妈妈的游戏课

黄文慧/著

北京日报报业集团
同心出版社

图书在版编目（CIP）数据

国际育婴师妈妈的游戏课 / 黄文慧著. --
北京：同心出版社, 2012.4
ISBN 978-7-5477-0487-5

Ⅰ. ①国… Ⅱ. ①黄… Ⅲ. ①婴幼儿 - 智力游戏
Ⅳ. ①G613.7

中国版本图书馆CIP数据核字(2012)第058384号

国际育婴师妈妈的游戏课

选题策划： 中文在线 — 郜宇辉　南园
出　　版： 同心出版社
地　　址： 北京市东城区东单三条8-16号 东方广场东配楼四层
邮　　编： 100005
发　　行： 同心出版社（010）65255876
北京时代华语图书股份有限公司（010）83670231
总 编 室：（010）65252135-8043
网　　址： www.bjd.com.cn/txcbs/
印　　刷： 北京通州富达印刷厂
经　　销： 各地新华书店
版　　次： 2012年5月第1版
2012年5月第1次印刷
开　　本： 700 毫米 × 1000 毫米　1/16
印　　张： 15.5
字　　数： 200 千字
印　　数： 12000
定　　价： 38.00 元

国际育婴师妈妈的游戏课

序

文慧是与我多年交往的年轻人，她是一个非常有激情的人，充满着无限的创造力。15年来，她一直专注于婴幼儿早期教育方面的研究。她热爱儿童，对待儿童时刻流露出谦虚、关爱、耐心和镇静。她不但是一位深受孩子喜爱的幼儿教师，也是一位风趣可爱的妈妈。

凭借深厚的教学功力和长期以来对婴幼儿早期行为模式的数据采集和研究，文慧在自己的孩子诞生后，通过轻松有趣的亲子游戏帮助孩子认知世界，开发智能，同时塑造孩子的性格。无可否认，游戏是最受婴幼儿们喜爱的学习方式，也影响着婴儿们的性格。如何与儿童建立亲密无间的关系，并让他们真正感受到亲子游戏的快乐，轻松简便地发展他们各个领域的智能，这正是这一本游戏书要带给大家的。

婴儿们从诞生开始，父母要承担养育和教育的双重工作，这对于工作压力大、生活节奏快的年轻家庭来说，有时难免顾此失彼。那么，什么样的亲子游戏书既可以教给家长简单又高效的早教游戏，又可以避免冗长说教，让它能够像随身的锦囊妙计一样，拿来就能用，快速地解决家庭中科学育儿的问题呢？我想，很多年轻的父母们正在苦苦寻找这样一本床头小札。

而这一本书，也许正是你们想要找的。

在这一本书中，文慧更多的是以一位妈妈的视角去观察婴儿，并且同他们游戏，而所选择的游戏材料也大多是家庭中常见的、随手可得的物品。当你拿起一枚晾衣夹子就可以玩出许多不同的智力游戏时，你会意识到早期教育是轻松快乐的，甚至有时候只需要5分钟的时间，就可以和婴儿们度过有意义的游戏时光。而书中大量的儿歌、手指谣和歌曲，朗朗上口，容易记忆，这让父母和婴儿们互动起来会更加得心应手。本书的撰写风格也呈现出新时代父母特有的幽默风趣，更能够让人感受到育儿是一件虽然辛苦但却充满乐趣和成就感的过程。

这本书文慧想献给初为人母的年轻妈妈，想献给儿童，并让我为书作序，实在难为我。本着对年轻人的支持，同时，我也在学习，只好答应。

我衷心地希望这本书能够真正让婴儿们享用，帮助年轻的父母科学、健康、快乐地享受育儿过程，培育出“更聪明，更健康，常快乐”的儿童。

赵献荣

2012年4月

（赵献荣：中国优生优育协会理事，北京市幼儿师范学校副教授，北京蒙台梭利教育中心顾问）

前言

每一个婴儿的诞生都伴随着无数人手忙脚乱的祝福，宝宝们也都在年轻父母顾此失彼的“照料”下顽强地生长着。如果有一天，婴儿们能够在科学的流水线上接受智能的教育，以高水平智商的“成品”姿态“投递”到每家每户，那将是多么让人激动的事情！

很显然，我们暂时无法得到这样便捷的优质宝宝“快递”服务，那么，如果有一本轻松科学的“婴儿日记”，可以作为年轻父母的“育儿宝典”，从可爱的婴儿们诞生的第一个月开始，父母们通过简单有趣的亲子游戏，打开婴儿们的感官，让他们运用视觉、听觉、触觉等多通道去感受和学习，为他们创造一个温馨健康、安全智能的教育环境，使他们能够保持和发展与生俱来的各种潜能。这样，在宝宝诞生后欣喜而又茫然无措的年轻父母们，就有了培育宝宝成人成材的信心和方式方法，即使有“优质宝宝快递”服务，他们也丝毫不感兴趣了。因为即使“快递”来再优质的婴儿，都没有自己亲手培育的宝宝让自己有亲切感，有成功感。

作为一名有着15年一线经验的早期教育工作者，也是一名称得上“年轻”的母亲，我更愿意从母亲的角度，和更多的父母一起分享丰富多样的亲子游戏，希望父母们与宝宝们建立亲密无间的关系，让宝宝按照自己期望的目标健康成长。

在这本书中，对应着婴儿们成长的每一个月，都设计有不同的亲子游戏，每一个游戏都能涉及多个智能及健康领域的发展和提高，而与宝宝们共同游戏的材料，则是父母们随手可得的日常生活用品，并不需要特别购买和准备，因此，这些游戏可以算是“即看即用，百用不厌”型的懒人亲子游戏！

作者编写的初衷，是要让这本“游戏书”能够成为年轻父母的床头小书，而不是一部冗长无趣的游戏教案。年轻的父母们尤其是母亲们，在照料宝宝之余，放在床头，随手一翻，就可以简单地和宝宝们玩一个三五分钟的小游戏，轻松益智，其乐融融。

希望这本看上去还算有趣的亲子游戏书，能够让年轻的父母们及从事早期教育的工作者，享受到与宝宝们游戏的乐趣，帮助宝宝快乐、健康地成长，同时也能重温自己至真至纯的童年梦。

黄文慧

2012年3月23日

目录

Chapter 1
第1部分
0～1岁的宝宝这样玩

目录

Chapter 2

第2部分

1～2岁的宝宝这样玩

目录

Chapter 3

第3部分

2～3岁的宝宝这样玩

国际育婴师妈妈的游戏课

International

nursing division mother
game class

Chapter 1

第1部分

0～1岁的宝宝这样玩

1.1 嗨！我一直在你身边

◆**游戏名称**

游戏1：柔软海洋球（触觉游戏）

游戏2：吹吹小哨子（听觉游戏）

游戏3：玩具去哪儿了（视觉游戏）

◆**游戏目的**

1. 发展宝宝听觉的专注力和听觉方向感。

3. 刺激宝宝手部对触觉的反应。

2. 刺激宝宝视线的集中和视线追随。

◆**游戏时间**

每日3次。

◆**游戏准备**

颜色鲜艳的物件，例如红绸带；一个直径10厘米的海洋球；哨子或者双响筒；悬挂玩具。

宝宝刚出生的时候，没有人会去琢磨怎么开始进行“早期教育”，妈妈们只顾着吃吃睡睡，爸爸们则刚开始学习抱婴儿。他们诚惶诚恐地将婴儿托举着，手臂僵硬，姿势怪异。如果你让这些爸爸们抱一会儿婴儿，他们会连呼吸都不敢大声，就像被人点了穴一样僵直在那里。

尤其是在第一个月，这是一个完全改变家庭轨道的月份，尽管你在宝宝出生前做了很多准备，热烈欢迎这个家庭新成员大驾光临，但真到了这一天还是会手忙脚乱，很不适应。

我的女儿淇淇出生已经快两个月了，这位“涉世未深”的小家伙头脑简单，没有任何烦心的事情，吃饱喝足倒头就睡，她并没有意识到人是“活到老，学到老”的，“学习”从一出生就开始，而这个“教宝宝学习”的光荣任务最好是落在爸爸的肩上，因为我要做的就是吃好喝好睡好心情好，以保证奶源供应充足，宝宝健康成长！

爸爸多闲啊，每天不用喂奶，也没有任何思想负担，不用想将来怎么减肥。

在这么闲的情况下，应该学习如何陪宝宝玩，对宝宝进行有益的智能开发。

那么，宝宝都是通过什么来学习的呢？

感官。

人最重要的感觉器官有：触觉，在学习通道中占37%的比重；其次是听觉，占34%；最后是视觉，占29%。

对于婴幼儿而言，触觉是最重要最敏感的，遍及全身。毫无疑问，婴儿抚触是必不可少的，是父母们必须学习的。除此之外，还能做些什么呢？

游戏1 柔软海洋球（触觉游戏）

我们让两个月大的小淇淇安静下来，仰躺在床上，并且播放一些轻柔的音乐或者歌谣，轻声呼唤小淇淇的名字："淇淇，拍，拍；爸爸，爱，爱。"我用海洋球轻拍小淇淇的手背，每次3下，每两次为一组，左右手各6次。（图1）

图1 触觉游戏

刚开始，小淇淇的反应很细微，甚至没有反应。我需要很费劲地观察，看淇淇是否在你轻拍她手背时，改变了她原有的身体活动，或者将身体微微转向被轻拍的一边。

值得注意的是，并不是每一个孩子都会有相似的反应，如果你的宝宝对刺激物产生了抗拒，或者你能感觉到孩子肌肉痉挛、张力增强，就应该马上向医生咨询。

游戏2 吹吹小哨子（听觉游戏）

很多人会认为，妈妈的声音更加温柔，会更适宜唱歌谣给宝宝听。事实上，妈妈的音频更高，声音更尖锐一些，宝宝则更乐于听到低沉而富有磁性的爸爸的声音。低音让婴儿们有安全感，他们的听力非常好，通过音调的高低能够辨别是谁在他们身边，通过声音的缓急能感应到身边人的情绪。

在喂宝宝喝奶或者帮宝宝洗澡的时候，都可以用不同的声调和宝宝说话。在这个时期，婴儿更加关注的是音调的变化，而不是说话的内容，因为他们听不懂。为了进一步刺激婴儿听觉的专注力，我们买了一个小哨子。

我们跪在宝宝头后，轻吹哨子的低音约3～5秒，静止10秒后再吹，一共吹3次。

吹完3次低音后，我们轻吹哨子的高音约3～5秒，静止10秒后再吹，一共吹3次。（图2）

图2 吹吹小哨子

如果你自己不能辨别哨子的高低音，或者买不到哨子，那么，你可以到乐器店买一个“双响筒”，敲击双响筒的两侧会有明显的音高差别，它们是小六度音的关系，对于婴儿很适合。

游戏3 玩具去哪儿了（视觉游戏）

我们让宝宝仰躺着，在她头部上方系一条红绸带，绸带上悬挂一个小玩具，距离宝宝40～60厘米。我呢，俯身面对宝宝，我和宝宝的距离，在15～20厘米，因为婴儿们的视力还没发育完全，太远的东西他们看不清楚。

我先用说话形容玩具，引起宝宝注意，并缓慢地左右移动玩具，观察小淇淇是否能够“眼跟玩具过中线”。如果在3分钟内，宝宝能够偶尔注视玩具或者人，就算成功了！如果宝宝的眼睛跟随玩具移动，那简直是太成功了！（图3）

图3 玩具哪儿去了

小淇淇十分配合，这让我们特别高兴：“你看，你看!我们的淇淇不傻嘿！”

● 延伸游戏

1. 会跑的圆环

可以买一些圆环，在距离宝宝头部20厘米左右的位置上下移动15秒，一边移动一边说：“宝宝，看圆环！”

2. 熟悉的声音

用手机或者录音机录下爸爸或者妈妈说话的声音，播放给宝宝听，观察宝宝面部表情是否改变，是否停止正在进行的动作而注意倾听。

3. 婴儿抚触操

坚持“婴儿抚触”。

温馨提示：

1. 在同宝宝玩视觉游戏时，如果宝宝对悬挂的玩具不予理睬，爸爸可以用玩具轻触宝宝鼻尖或者面部，吸引宝宝注意到玩具，再将玩具吊往20厘米的高处进行游戏。为了鼓励宝宝，爸爸还可以适时让宝宝触碰玩具，作为宝宝能够关注到玩具的奖赏。

2. 宝宝出生两个月内，妈妈们要注意观察宝宝的表现，以判断宝宝每个领域的智能发育水平，例如：轻拉宝宝手腕，他的头能够竖直2～5秒；俯卧时头能够抬离床面；有“抓握反射”，两个月时，拨浪鼓能够留握手中2～3秒等。

1.2　婴儿们都来自火星

◆游戏名称

游戏4：气球呼噜歌

游戏5：让我们走

◆游戏目的

1. 促进宝宝的听觉反应，并让他们能“与人交谈”。
2. 提高宝宝的社会适应能力。

◆游戏时间

每日3～5次，每次1～3分钟。

◆游戏准备

婴儿摇铃，柔软并色彩鲜艳的玩具，气球。

刚出生的婴儿长得真是太丑了，丑到你根本没有办法幻想他成长成俊男美女的样子。怀孕的时候，朋友们就告诉我，将帅哥美女的图片摆在床头，每天盯着看，告诉孩子，你得会挑，五官都挑好的长。可惜，我没有这么做。

因为我的偶像是爱因斯坦。

婴儿们一出生，就带有明显的“先天气质”，有的安静乖巧，有的活泼好动。淇淇属于安静乖巧的类型，她总是懒洋洋地待着。有一些婴儿因为肚子饿而放声大哭，而且哭得万分紧急，仿佛下一秒钟他就会气得跳起来自己拿奶瓶似的。而淇淇则慢条斯理，你若不理她，她哭几声，算了，睡一会儿，很懂得保持体力的。

对不同气质的婴儿，要用不同的教育手段。

当然，婴儿们需要被观察，在他们出生后的三个月，细心的妈妈就能够洞察出他们的气质特点。

因为淇淇喜静，在教她“听”音、辨音的时候，我要特别注意每一句最末的那一个音节。喜静的孩子对“声音”的反应相比好动的婴儿，显得更“淡定”一些，他们听到欢快的曲子，仅仅只是嘟哝两声，而活泼的孩子，则很容易被节奏带动，手舞足蹈。

“听”是“说”的基础，宝宝们听音、辨音、模仿发音、说话，这是一个漫长的过程。

我很渴望有一天，淇淇能够和我“秉烛夜谈”，谈很久。

可现在，她只有3个月，她只会“呓语”，我们听不懂婴儿们的语言，他们都来自火星。

游戏4 气球呼噜歌

3个月的淇淇，你可以放心地把她放在任何地方，她不会走，不会爬，甚至不会翻身。她像长了根的树一样，是绝对不会“逃跑”的。

我喜欢将淇淇放在沙发上，半躺半靠。

你如果轻轻点一下她的肩膀，她就立刻倒下去了。所以，你得在她身边守着，离她近一点。

我拽着一个氢气球，在气球的绳子上系满“金光纸条”，一扯气球，金光闪耀，五颜六色煞是好看。我拽着气球上下扯动，一边扯，一边念诵旋律。（图4）

图4 气球呼噜歌

你根本不用对3个月的婴儿唱歌，他们听不懂，但是，令你意想不到的是，婴儿们能够察觉出乐曲旋律走向的变化，他们对起伏的音调和音高着迷。

X.X X X X X | X.X X X | X.X X X X X | X.X X X | & ~ ¶

Yababa bababa yababa ba yababa bababa yababa ba du

5.1 1 4 3 2 | 2.3 4 5 | 6.4 4 5 4 3 | 2.1 2 3 | & ~¶

Bayaya mamama yalala la mayaya balala yabayaba wu

对于大人来说，最难的不是唱歌，而是要发出“ya”、“ba”、“ma”、“wu”、“du”、“lala”等没有任何意义的音节。可婴儿们不这么认为，无意义的单音节是他们最喜欢的，也是他们唯一能够模仿的。

你就当自己在和“鸟儿”们说话好了。我看到很多“遛鸟”的人，拎着一个鸟笼，用错落有致的节奏，“啾啾啾”对着鸟儿一阵叫唤，小鸟像是能听懂似的，也“啾啾啾”地回应。这个情境十分有趣，和刘三姐的对歌差不多。

婴儿们也是这样。无论你念唱什么样的节奏和旋律，最后一定要拉长并加重语气，例如“du”。如果婴儿能够回应你，那么，重复他发出的音节，编进歌谣。如果他发出“呜”的音，你则用这个音唱完整首歌就对了，如果不会自己编，你可以唱《两只老虎》，从头“呜”到尾。

多练习几次，我发现了一个有趣的现象：3个月大的淇淇正在和我一起演唱，“呜”声此起彼伏。

我也搞不懂她在唱什么，但是，我们很开心。

游戏5 让我们走

婴儿们在不会说话的时候，更多的是用“高声呓语”来表达自己的情绪，他们知道，声音是可以传递情感的。

淇淇接近4个月的时候，我们时常竖着抱她。她东张西望，要你带她走到每一个房间都转一下。婴儿们一旦能够竖直脖子正眼看世界的时候，你再让她躺着，她会朝你尖叫，表示不满。

有“走”就会有“停”，如果要为淇淇建立“听”的词汇库，就必须将语言和图片、语言和动作联系在一起，光让她听不行，还得使她理解。

让我们走走走，走走走，停。（抱着婴儿向前走，然后停下不动）

让我们走走走，走走走，停。（沿前进的方向直线后退，停下来）

让我们走走走，走走走，停。（向左走，停下来）

让我们走走走，走走走，停。（向右走，停下来）

注意：不要任意改变行进的路线，应一边念诵歌谣，一边做简单的路线重复，而不是随意乱走乱停，否则婴儿还没有听懂就被转晕了，不能体验“位移空间”的速度变化。（第二遍时可以加快或者放慢速度行进，念到“停”时，应停顿2～3秒，让婴儿充分感受到“停”就是静止不动。）

我们用了一周的时间“走走走”，之后，我们改成“让我们跑跑跑，跑跑跑，停”，或者“让我们跳”、“让我们蹲”等。重要的还不是这些动作，而是“停”。（图5）

图5 让我们走

这样的游戏，不但建立了部分“动词库”，而且，有意思的是，在她6个月的时候，如果我轻轻喊一声“停”，淇淇便如同老鼠听见猫的声音，立即停下手中的动作，看着我。这是对语言指令的一种条件反射。能够做出正确的反应，说明她已经能够理解语言了。

● 延伸游戏

1. 让我爱爱你

让宝宝仰卧，跪坐在宝宝身边，面对宝宝说话，并抚摸宝宝。

让我爱爱你，爱你爱你，爱，爱，你。（手掌抚摸宝宝胸腹）

让我摸摸你，摸你摸你，摸，摸，你。（轻揉宝宝小脚）

让我亲亲你，亲你亲你，亲，亲，你。（亲吻宝宝小手）

让我唱首歌，巴巴巴巴，妈妈真爱你。（注视宝宝）

2. 奇妙的声音

收集各种声音，播放给宝宝听。如大自然的声音（流水、鸟叫、风吹），家里的声音（说话、关门、拍手、摇铃、口哨），外面的声音（汽车、人行走、走楼梯），每次播放30～40秒即可。

温馨提示：

1. 在文具店可以买到各种颜色的“金光纸”，它通常被用作学生美劳课上的材料，或者节庆布置环境的材料。

2. 在对宝宝念唱节奏的时候，可以不使用歌词，但要注意发音的四声变化，如“ya，babababa”应念成“呀，吧拔把罢”。

3. 在游戏中密切观察宝宝的反应和情绪，游戏不要反复太多次，以免宝宝过于兴奋或者过累。

1.3 婴儿的感官大战

◆游戏名称

游戏6：皮肤觉训练——冷和热

游戏7：视觉和空间感训练——快乐的小马

游戏8：听觉训练——风雨交加多可怕

游戏9：嗅觉和味觉训练——月亮的味道

◆游戏目的

1. 提高宝宝辨别感官刺激的能力。

2. 通过各种感官活动，掌握周围环境的情况，帮助宝宝进一步适应环境。

3. 通过感官刺激开发宝宝右脑潜能。

◆游戏时间

每日2～3次。

◆游戏准备

打印纸，皱纹纸，金纸，杯子，调味品等。

喋喋不休的人招人烦，他们一直在说话，忽略了倾听别人的声音。如果能够稍微安静一会儿，什么也不说，此时无声胜有声，反倒能够发现许多美妙的东西。

在安静的状态下，我们可以听见平常忽略的声音，甚至有机会重新理解这些声音，此时安静就成为一种能力——超乎平常的理解力，让你重新了解环境以及自己和环境的关系。

宝宝们不会说话，他们更能运用自己的听觉、视觉和皮肤觉（触觉）等去探索周围的一切。

淇淇在2～4个月之间，她的小耳朵常常是开着的，当她醒来时，我便温柔地抱抱她，和她说说话。我在她的摇篮上悬挂不同颜色和形状的小玩具，在卧室的一角摆放添加精油的香薰灯，偶尔发出淡淡香味，可能是薰衣草，可能是玫瑰——任何能够刺激淇淇感官反应的手段，我都逐一使了一遍。

游戏6 皮肤觉训练——冷和热

宝宝们的皮肤觉是非常敏锐的，他们能够感受到细微的温差变化，因为神经就在我们的皮下，遍布全身。

（一）准备两个玻璃杯，将冷水和温水分别装在两个杯子内，确保杯子密封，不会渗水，温水的水温要适中，40℃左右。

（二）将温水杯轻轻贴近宝宝手臂，配合童谣的节奏，触碰宝宝手臂，如果宝宝抗拒，则停止。

X XX XX XX X

温暖的 春天 花开放，
花蝴蝶 出来 晒太阳，
小蝌蚪 忙着 找妈妈，
黑蚂蚁 搬家 可真忙。

轻柔稳定的节奏，配合手臂的触碰，能够更强烈地刺激婴儿的触觉和听觉。

（三）配合童谣的节奏，用冷水杯轻轻触碰婴儿脚踝（图6）。

哇呀呀，好冷呀，
哦哦哦，结冰了，
嘟——，呼——，
（模仿吹泡泡，上下振动双唇）
嘟——，呼——。

图6 皮肤觉训练

（四）准备2～3块不同材质的物品，如木制的小勺子、不锈钢调羹、布料等，让宝宝进行触摸，感受不同的温差变化，增加宝宝皮肤敏感度。

游戏7 视觉和空间感训练——快乐的小马

3～4个月的宝宝像是一个被装在小盒子里的电动玩具，睁开眼，待在一个位置没有变，再睁开眼，待在这个位置还是没有变——人如果总是待在一个地方，看着一处风景，是有一些郁闷。

（一）妈妈将宝宝抱起，让宝宝躺在妈妈的大腿上。

（二）配合念谣的节奏，带动宝宝进行律动练习。

小马走，小马走，
小马踢踢踏踏走；（踮脚，上下移动）
一边走呀一边摇，（左右摇晃）
一边走呀一边摇，
小马小马停下来！（静止2～3秒）
嘘，妈妈在这里！（握住宝宝手腕处）
快到妈妈这里来，（轻拉宝宝手腕促其坐起，抱好宝宝）
妈妈亲亲你，啵！（亲吻宝宝）

当宝宝躺在你的腿上而不是婴儿床上时，你能够感觉到她和你之间更为亲密的气氛，而宝宝在上下和左右轻缓晃动的过程中，加强了空间位置变化对他们的视觉刺激(图7)。

图7 快乐的小马

动荡的空间确实让人觉得有一些刺激，要不，怎么会有那么多的婴儿喜欢玩那种被成人像抛球一样地抛起再接住的游戏？怎么会有那么多的儿童喜欢荡秋千？

游戏8 听觉训练——风雨交加多可怕

对于婴儿来说，“听”是很重要的一个能力，即便是一根针掉在地上，他们的耳朵也会哧溜一下竖起来，就像时刻准备逃跑的兔子。

（一）准备各种不同材质的纸张：普通打印纸，金纸，皱纹纸。

（二）跪立在宝宝的耳边，逐一搓动手里的纸张。(图8)

听，风轻轻地吹；（来回搓动金纸）

听，雨沙沙地下；（来回搓动皱纹纸）

听，打雷真可怕！（双手拽住打印纸的两端，来回扯动）

图8 听，风轻轻地吹

宝宝在听到不同的声响时，可能会有不同的肢体反应。为了提高宝宝对声音的敏锐程度，当3个月大的淇淇静静地待在屋子里的时候，我便故意离她近一些，轻轻喘息，让她留意到我的呼吸，这个时候，我再将手按在淇淇的腹部，随着我的呼吸，一下一下向下抚摸她的腹部，让她和我一起感受“脉动”。她挥动双手，甚至发出“喔，喔”的声音，来表达她的想法和感受。

游戏9 嗅觉和味觉训练——月亮的味道

这个世界有许多奇妙的体验，除了听觉和视觉带来的刺激之外，我们的鼻子也是极为有用的一个器官。

（一）准备3个小瓶子，洗净。

（二）在瓶子里分别装上醋、酱油和精油（可以选择花香型）。

（三）让宝宝倚靠在床上，呈半坐姿。

（四）将3个瓶子依次放在宝宝的鼻子附近，让她闻得到（停留3～5秒）。

不同味道的刺激会使宝宝做出不同的面部表情，十分有趣。在玩这个游戏的时候，应该在同一个时间内，将3个瓶子逐一让宝宝闻一遍，而不是分成3个时间段来进行。

（五）以故事或诗歌的方式，一边和宝宝说话，一边让宝宝感受不同的味道。(图9)

月亮，静静地挂在天上，
像一个大大的蛋糕，
闻一闻，有多香！
（让宝宝闻烤面包的香味）
尝一尝，有多甜！
（让宝宝尝一尝糖水的味道）

图9 味觉训练

尝到带有甜味的东西，总是让人感到很愉悦的，而酸和苦就未必能够让宝宝们接受了。我也喜欢甜食，因此，总是想不通为什么那么多人喜欢喝咖啡，会喝咖啡的人，也一定喝得下去中药吧！

● 延伸游戏

1. 是谁在敲门

抱着宝宝在室内走动的时候，带宝宝到门边，用手叩击木门或者防盗门，一下一下地叩击，减轻或者加重力度进行叩击，变换急缓速度进行叩击，观察宝宝的反应，刺激宝宝对声音节奏的敏锐感。

2. 靶心卡

由于宝宝出生时即接触母亲的乳头，带有靶心的图片更能引起他们的注意力。可以购买黑白卡或者彩色图卡，在宝宝眼前闪示，以此刺激宝宝的视觉神经，提升其感光能力，激发其视敏度，训练宝宝对物体轮廓的视觉分辨力，提高其视觉关注力。

温馨提示：

1. 切勿给一岁之前宝宝的食物内添加盐，以免增加肾脏的负担。

2. 听觉的刺激能够激发宝宝右脑的潜能，而右脑是我们的音乐脑，音乐的联想可以激发人的创造力。因此，在和宝宝游戏的同时，多加入一些有节奏的念谣或者歌曲，让宝宝多听一些音乐，如自然界的流水声、鸟叫声、不同物体敲击声等，不仅能够刺激宝宝的听觉能力，还能开发宝宝的右脑潜能。

3. 在宝宝所有的感官训练中，皮肤觉（触觉）是最基础的，也是最主要的练习，因为触觉经验带给宝宝们的感受是多层次的，让宝宝们接受不同触觉，也就是接受了更多的刺激，对大脑信息的存储和提取很有帮助。

1.4 会飞的小猪

◆游戏名称

游戏10：弹簧小猪

游戏11：花园周围

◆游戏目的

1. 发展宝宝的平衡和触觉能力。
2. 锻炼宝宝的观察力和注意力。
3. 促进宝宝感觉统合发展。

◆游戏时间

任何时候。

◆游戏准备

音乐，蹦床或沙发，气球，折纸飞机，小猫头饰。

宝宝3～4个月的时候，你会感觉特别无助，他们不像新生儿期时那样整日酣睡，他们的小脑袋瓜开始变得聪明起来，要求也更多。

尤其是4个月的宝宝，手脚变得更加灵活，他们不愿意再像傻瓜一样躺在床上，他们的话也变得多起来，只要醒着，他们就开始呓语或者喊叫，试图引起你的注意，让你过来陪他们说话，陪他们玩。

可是，小东西，只有4个月，你想玩什么呢？如果我一边陪你聊天，一边喝着奶茶、吃着茶点、看着韩剧——这样会不会很没有礼节？可我有时候确实这么做了，你也没有什么意见。

我心情不好的时候，找你倾诉，你能咿咿呀呀回应我；发脾气的时候，骂你是天下第一坏蛋，你还是这样咿咿呀呀回应我。如果一个人太纯洁的话，会让我感到羞愧，而不得不作出一些补偿。

于是，我就要为纯洁的婴儿设计更多适合她的、能够玩得十分尽兴而又在心智提高上有所收获的游戏。

好在我心情不好的时候非常少，因为生活很平淡，淡得像水，唯有宝宝，能给水面带来涟漪。

游戏10 弹簧小猪

4个月的淇淇还是这样无聊地躺在床上，她既不会翻身，又不会像我这样倒立，将脚靠在床头的墙上练瘦腿——在床上能玩的游戏还真少。

但是，如果你躺在沙发上就不同了。必须是真皮沙发、布衣沙发，那种实木做的古典沙发就非常不合适。因为我们需要的是软垫，那种按下去就能弹起来的软垫，像弹簧一样。

我曾经教过一个妈妈玩同样的游戏，她说她家没有这样的软垫，就把婴儿扔在床上弹，但弹不起来。如果你用的是两用的沙发床，则可以弹起来，如果是硬棕的床垫或者质量太好的席梦思，你就不要白花力气去试了，不如把被子来回叠几层，再把宝宝放上面。

婴儿们总是渴望能够有翅膀飞起来，至少能够弹起来，离开地面一会儿也好。

（一）让宝宝仰卧或俯卧在厚软垫（沙发、床、棉被等）或者蹦床上，用手上下按压软垫或蹦床，使之震动。

（二）逐渐加大力量，使震动的幅度加大。

（三）通过儿歌朗诵节奏的变化，刺激宝宝对空间移动的感觉，增进亲子交流。

按一按，宝宝陷下去，
松一松，宝宝弹起来，
按呀按，松呀松，
宝宝，宝宝，笑起来。

在玩这个游戏的时候，要千万注意安全，不要太大意。你可别让孩子从沙发或者软垫上掉下来。(图10)

图10 弹簧小猪

如果宝宝很喜欢玩，你能明显感觉到她很高兴，你可以反复3～4遍，不要太多次，休息一下，一天可以玩3～4次。

如果宝宝感到没有安全感，有一些害怕，你能觉察出来，那么，动作要轻柔，按下去的幅度不要太大，弹起以后失重感就会减弱。

每次玩同样的游戏难免觉得没有新意，如果非要加上一点变化的话，你可以将儿歌换成“声响”：

咦——呀吧吧（“咦”的时候按下去，“呀”的时候弹起来）

呀——吧吧吧吧吧吧吧

（“吧”的时候要注意处理声调，第一、二个“吧”为去声“\”，第三、四个“吧”为上声“V”，第五、六个“吧”为阴平“－”，最后一个“吧”为去声“\”）

相比较之下，妈妈的声调要比爸爸的更让宝宝感到刺激，因为音调更高一些，容易引起宝宝注意，而爸爸低沉的声音能带来更多的是安全感。因此，如果要进行这样的游戏，可以由妈妈来完成。这个游戏不但可以提高婴儿们的平衡感，促进感觉统合发展，而且，加入“声效”（声响变化），还能同时刺激宝宝的注意力。

游戏11 花园周围

一个人总是躺着，会很郁闷。尤其是平躺着，只能看看天花板的时候，那简直郁闷到极点。婴儿们就是这样，所以，他们要喊叫，喊你过来陪他，而且最好换一点新花样陪他玩。

婴儿和大人们一样，讨厌一成不变的生活，讨厌一成不变的游戏。

在淇淇4个月的时候，我们玩了很多躺着的游戏，每一个星期2～3种游戏款式，每种款式每天重复2～3遍。

这就逼着你要去看许多的育儿书籍，然而每一个你剽窃来的游戏又有可能和你的宝宝很不匹配，他们不喜欢，不符合他们的特点。所以，这就逼着你不得不为自己孩子量身定做、自主开发一些游戏。

今天，我和淇淇玩的是“花园周围”。

不管4个月的淇淇是不是可以听得懂，我都对开满鲜花的花园作了一个充满感情的描述、事实上，只要你深情地盯着宝宝的眼睛，无论你说什么，她都信以为真，并且能很配合地回应你。

柔和的声调和深情的注视，本身就是一种良好的沟通体验。

接下来，我需要播放一首欢快的曲子，带领淇淇一起玩这个游戏。音乐不用开得太大声，因为它仅仅是背景音乐，只是潜伏在宝宝周围的空气中，让空气和她的情感一起流动起来，起到一个“同化”的作用，所以，千万不要让音乐的声音超过你说话的声音。

我要让淇淇知道，她能够离开这张小床，能够超越这个空间，就像小猪想要飞起来，每一只猪都应该长一对翅膀，每一个婴儿都应该有梦想。

“花园周围”这个游戏能够发展宝宝的触觉和亲子感情，同时提高宝宝的平衡觉，让宝宝们在游戏中体验到飞翔的梦想。

花园花园真漂亮，
来了一个小客人，
原来是只小老鼠，
（抓住宝宝的手心，用另一只手的食指在宝宝掌上画圈）
悄悄爬呀悄悄爬，
吱溜一下进了家。
（手指顺着宝宝胳膊爬上去，在宝宝下巴或腋窝处轻动）

游戏反复3～4次以后，淇淇会期待能够有一些更刺激的变化。你可以和我一样，假设一个“花园里的蝴蝶”的情境，用双手托住宝宝的腋下，将宝宝举起，跟随着音乐的节拍轻轻转圈或者移动，让宝宝感受到空间位置的变化，而音乐中快慢不同的节奏，又能够给宝宝带来新的空间位移体验，仿佛进入一个未知的迷人的音乐之旅。(图11)

图11 飞翔的梦想

延伸游戏

1. 穿梭机

（1）宝宝仰卧，妈妈出示折纸飞机，在折纸飞机上用细绳粘挂非常小的铃铛，用力抛向空中，引导宝宝听声响并且注视快速落下的飞机。

（2）取一个已经充好气的气球，将多个不同颜色的气球放在宝宝头部上方进行逗引，激发宝宝抓住气球的欲望。然后，由妈妈将气球逐一放气，气球将伴随放气的声音在空中穿梭，吸引宝宝注视，借此训练宝宝的观察力和注意力。

2. 躲猫猫

和宝宝玩躲猫猫的游戏。取一块毛巾或者一张白纸，第一次将脸藏在后面，前两次从左边探出头发出“喵”的声音，第三次从右边探出头发出“喵”的声音，训练宝宝的反应能力，使其体验空间方位变化。

温馨提示：

1. 在将宝宝举高时，动作要慢，千万不要一鼓作气举过你的头顶，让宝宝感到无比恐惧，也不要突然落下，爸爸们更加不要玩“空抛”的游戏。

2. 有的妈妈抱着宝宝的时候喜欢不停地抖动，她们在坐着给宝宝喂奶的时候抖腿，真难为婴儿们要边忍受不断的晃动边吮吸牛奶；她们也在站着抱婴儿的时候抖动，如果婴儿哭闹，她们还会跟随着婴儿哭闹的急缓，抖动的频率越来越快。千万不要过分抖动婴儿，如果有人抱着你不停地摇晃，你不觉得难受？这不但对发展婴儿感觉统合没有好处，而且害处颇大。

1.5 跟我混吧，小家伙

◆**游戏名称**

游戏12：碰一碰（触摸游戏）

游戏13：一起来跳舞

◆**游戏目的**

1. 刺激宝宝的皮肤觉、听觉。
2. 促进宝宝社会化发展。
3. 给予宝宝温暖安全的情感体验。

◆**游戏时间**

一天的任何时段。

◆**游戏准备**

音乐光碟，手电筒，浴巾。

淇淇刚出生的时候，模样特别丑，五官根本没有长开，看不出是像爸爸多一些，还是像妈妈多一些。人们说，女儿是爸爸上辈子的情人，这句话我是相信的。父母可能这一生都没有这样的时间，和一个人没日没夜地待在一起，至少6个月。

也只有这6个月，是你可以完全控制一个人的6个月，你让她干嘛她就干嘛，她完全是跟你混的，你是老大。

可是，这种玉皇大帝的日子在宝宝们会坐会爬的时候就慢慢消失了，当他们有了自己的小思想，有了对周围环境更强的探知欲望的时候，她会不断建构着自己，完善着自己，这个“小人儿”会比你更想主宰她自己的世界。

因为一整天的时间，你都和这个小女生腻在一起，总得找点事情做。一直吃吃睡睡的，那会虚度大好的光阴。

你试图让她认识你，回应你，爱你。

每一个妈妈可能都和我一样，床头放着育儿的百科全书，没事儿的时候就翻翻，恶补一下“当妈妈必备的1000个能力”。

妈妈有一个最重要的能力是：陪玩。

“陪玩”是一件很有挑战性的工作，比上班累多了，很需要妈妈的综合素质，你要会唱、会跳、会说，肚子里要装满“一千零一夜”。

游戏12 碰一碰（触摸游戏）

2～4个月的婴儿还不能够和你像样地对话，你只能去摸她，让她感受到你的爱和关怀。

“触觉游戏”可能是最适合婴儿们的活动了。因为神经就在他们的皮下，这使得婴儿们通过“触觉”来进行学习，显得得心应手。触觉游戏也是“感官游戏”中的一种，婴儿们通过各种感官进行学习，例如听觉（占婴儿学习通道的34%）、视觉（占婴儿学习通道的29%）、触觉（占婴儿学习通道的37%）。

“触觉”是最重要的学习通道。皮亚杰（1896–1980，法籍瑞士人，近代著名的儿童心理学家）曾说：“儿童的认知更主要的是通过他的动作”，而“动作”的引发，则来自于“触摸反应”。

小淇淇现在的活动范围非常小，认识的人也屈指可数。当她安静地躺在床上的时候，我常常将脸贴近她的脸（20～30厘米左右），这样她能够看到我，我朝她的脸上轻轻吹气，吸引她的注意。

魔棒划过天空，许多星星闪耀。（双手在宝宝脸上抚摸）

魔棒划过你的手，亲亲！（打开宝宝右手拇指，触碰亲吻，依次亲吻宝宝十个手指）

星星落在你手上，亲亲！（亲吻宝宝右手手掌）（图12）

星星落在你手上，亲亲！（亲吻宝宝左手手掌）

图12 星星落在手上，亲亲

在每次做这样亲吻的动作时，我可以明显感受到淇淇细微的身体变化和面部表情变化，她喜欢这样的活动，“亲吻”让她感到舒适，而手掌的舒展，也显得十分有趣，让总是握拳的淇淇能够被动地撑开手指，感受那种张力。

淇淇对身体的触碰非常敏感，于是我使用不同的物品来刺激她的“皮肤觉”。

用羽毛、用纱巾、用毛线衣、用棉花、用纸巾——

这还不够，皮肤还能感受温度的变化。

用手、用小积木块、用不锈钢调羹、用陶瓷的马克杯——

她很配合，为了奖励她，我将小淇淇抱起来，让她更多地去感受怀抱的温暖，让她知道，妈妈超爱她，妈妈是她第一个舞伴。

游戏13 一起来跳舞

相比那些劲爆的摇滚和欢快的节奏，小婴儿们更加喜欢舒缓的、单调的、重复的节奏和旋律。有很多人懂得给婴儿们播放一些莫扎特的曲子，有些小夜曲之类的曲调确实和婴儿脑波的频率很接近，能够更好地引起婴儿们的共鸣，使他们更加集中注意力。

大人们大多不爱听，大人的脑子和婴儿有着明显的区别。婴儿们出生时的脑重只有成人的1/20，他们慢慢地成长，脑的发育速度却相当惊人，到孩子们6岁的时候，他们的脑重量已经接近成人了。当人们意识到这一点后，开始重视6岁之前的早期教育了，而6岁之前的早期教育中，关键期在0～3岁。

倾听音乐，感受空间方位的变化，感受旋律和时间的流动，包括重量和速度的变化，都能够让婴儿们体验到节奏游戏的快乐。

踮脚、下沉、踩一踩，

（先将双脚踮起，后将其中一只脚沉下去，再换一只脚踩一次）

一哒哒，二哒哒，（重复3/4拍的脚步移动）

摇啊摇，摇啊摇，（重复3/4拍的脚步移动）

转个圈圈停下来。（转一圈后停下）

这个舞步和我们平常常见的三步交谊舞是有明显区别的，三步交谊舞时，第一步是向前迈出，并且是踮脚迈出。而我们抱着宝宝跳舞的时候，为了能够让更好地去体验强－弱－弱的节拍变化，对第一拍“重拍”的记忆更加深刻，我们的第一步迈出时，是下沉的，和三步交谊舞恰好相反。（图13）

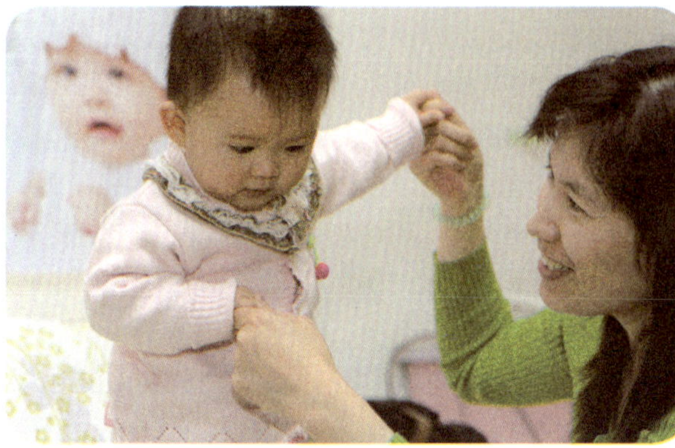

图13 一起来跳舞

这个确实有一点难，妈妈们要经过反复的训练。也有一些聪明的妈妈，干脆在第一拍的时候下蹲，二、三拍的时候站起，这也是不错的方法。

蹲、摇、摇，（抱着宝宝半蹲，站起左右摇晃身体各一次）

蹲、摇、摇，（重复动作）

宝宝和妈妈，

摇，啊，摇。

一直重复这样的念谣就可以了，婴儿们喜欢简单重复，让他们熟悉节奏和旋律，慢慢地，他们就会对你下一个动作产生心理准备。

可是光这样摇晃并不能够让婴儿们感到足够的安全感，于是，在活动中，我加强与女儿淇淇进行肢体上沟通，第一拍稍微用力抱紧一些，二、三拍的时候松开一些，并且配合声调的变化，让她更加容易感受强拍和弱拍的交替刺激，感受到空气的流动和我们之间的融合。

你完全可以和我一样干巴巴地念诵这样简单的歌谣，并且摇动身体，婴儿们不但不介意，还高兴得很。

除此之外，也可以播放一些有趣的声响，例如森林中的声音，流水、鸟叫、风吹树叶。有一些名曲中能找到这样的声音，例如《森林狂想曲》、《飞鼠溪》等，它们曲调柔和，适合婴儿。当婴儿在倾听曲子的时候，别忘了用你的手指或手掌，随着音乐，在婴儿们身上抚摸和弹奏，帮助婴儿们通过触觉刺激体验音乐，加深和你之间的感情，促进他们社会化的发展。

延伸游戏

1. 发光的手电筒

抱着宝宝，引导宝宝注视手电筒发光的方向，将光影投射在墙上、物品上（晚上进行为佳，切忌对着宝宝眼睛）。

2. 弹钢琴

在宝宝醒着并且情绪较好时，用手指轻敲宝宝身体、四肢，刺激宝宝触觉，提高宝宝皮肤觉的敏感度。

温馨提示：

1. 在给宝宝洗澡的时候，是触摸学习的最好时机。在保证宝宝舒适温暖的情况下，一边洗澡一边播放音乐，或者哼唱简单的节奏，并且用水轻轻拍打宝宝的身体，让他们感到舒适和安全，他们会十分乐意学习。

2. 不要刻意去做这样的游戏，要在宝宝醒着并且喂饱的时候进行，别像小学生上学似的列个课表，到点了做这个，到点了做那个，应该跟着宝宝的时间表走，尊重宝宝的生物时钟。

1.6　妈妈，和我沟通吧

◆游戏名称

游戏14：看，这是什么

游戏15：不准不准

游戏16：杂技演员

◆游戏目的

1. 发展宝宝分辨声调和明白“不准”的能力。
2. 刺激宝宝发出说话的声音。
3. 发展宝宝把物件、动作和语言联系起来的能力。

◆游戏时间

上午、下午均可，选择适当的机会进行。

◆游戏准备

家居环境，海绵球，橘子，大绘本等。

在小淇淇4个月之前，她十分单纯，饿了就吃，吃饱就睡；她的思想很简单，认识的人也不多，爸爸妈妈是她最熟悉的面孔，当然，除此之外，谁抱她都可以，她不挑剔，也没有任何娱乐方面的要求。

我和她爸爸一度误认为她是上帝送给我们的一份安静可爱的礼物，她是一个天使。

从第四个月开始，我们为小淇淇添加辅食。

人一吃五谷杂粮，就变俗了。

小淇淇开始花样百出地吸引我们的注意，她甚至试图像我们一样说话，发出咿呀的声音，并且用尽心思揣测大人的意思。

我和淇淇爸爸立刻意识到，她要学习我们的语言，她开始认识到，她和我们是一伙儿的，是我们家庭的一员。

游戏14 看，这是什么

当4个月的小淇淇开始对周围的环境感兴趣的时候，我们训练她认识家居的环境，并且告诉她每一种东西的名称。不论是谁抱着小淇淇在屋内转悠，我都要求大人们在介绍物品时强调这个物品的名称和功能，并且按照以下顺序进行：

1. 看，这是一张椅子。（同时指着椅子并且触摸）

2. 它是给人坐的。（同时抱着宝宝坐在椅子上）

当然，有的时候，小淇淇并不理睬你，看起来大人这样做似乎有点失败，怎么办呢？这个时候，应该用手轻轻地帮助淇淇转头去注意到这件物品，或者抓着她的手去触摸这件物品(图14)。而当小淇淇主动留意到我们向她介绍的物品时，我们便亲吻她的脸颊作为鼓励。这个主动学习的态度是值得表扬的。

图14 小玩具，摸一摸

小淇淇平均每天进行3次这样的训练，每次我们都要将同一样物品介绍3次，加深她的印象，例如，介绍一张椅子是用来坐的，我们像电影倒带一样站起、坐下三遍。

即便是你的宝宝比小淇淇聪明100倍，我仍然建议一天之内不要介绍超过3样物品，一个星期不要超过6～8件物品。

一周之内，大部分的时间可以用来复习。

温故而知新。

一直到孩子能够持久地留心12件或12件以上的物品时，我们就可以停止在家中的这种训练活动了。

游戏15 不准不准

小淇淇一天一天长大，她发现自己的要求总是可以得到及时的满足，于是，她有一些飘飘然，这一点我们能够看得出来，她觉得自己是这个环境的主宰，她不是上帝送来的客人。

她的活动范围越来越大，她的探险之旅刚刚开始。

我们知道，自由是相对的，我们不能为所欲为，因为这个世界有规则，我们要努力控制一些不良的行为。

小淇淇还没有意识到自己有许多不良行为。

她喜欢将所有的东西都放进嘴里尝一尝，不论是什么，这让我们很头疼。她开始觉得扯别人的头发是一件有趣的事情，只要你抱她，她就扯你头发。每当淇淇这样做的时候，我就立刻摇头，并用平静而肯定的语气对她说："不准！"，然后等待她的回应。

我们要给孩子作出反应的机会和时间。

大部分的情况下，小淇淇在听到我的呵斥后会停止活动，她停止的时间很短很短，如果你不抓住这个机会立刻进行进一步的引导，你将来所有的呵斥都会失效。(图15)

图15 听妈妈的话

在小淇淇听到我说"不准"后，停止活动，做出正确回应的那一刹那，我便立刻赞赏她："对极了，不要这么做，妈妈爱你！"我要让淇淇知道，我喜欢她听从我的指示。接下来，我用最快的速度在她面前晃动我的五个手指头，转移她的注意力，让她注意到沙沙作响的纸张也许更有趣一些。

当孩子进行一些危险的行为时，也可以用这样的方法让他明白你的意思。这样做的重点是：

1. 说“不准”时语气要平静严肃。
2. 同时摇头。
3. 当孩子听到“不准”后立刻停止行为，则应当及时赞赏他，并转移他的注意力。
4. 如果孩子根本不理会你，片刻也无法停下来，则需要你用手去制止他的行为。

等孩子长大以后，你会发现，这样的训练是很有必要的。淇淇5岁的时候，只要你说“不可以”，她就能够立刻克制自己的行为。有一些孩子则不是这样，当他们越大越有主见的时候，你越不让他做的事情，他越要去做，他不能克制自己。

游戏16 杂技演员

小淇淇越来越希望能够学习以我们的方式去进行沟通。她十分努力，甚至模仿我们的语调，她开始高声叫，表达她的高兴。

我和淇淇的爸爸每天都在发明新的玩法，今天我们要表演杂技。

我们表演的是“扔橘子”。

我在茶几上拿了两个橘子，不能多，多了准得掉地上。我们开始扔。

橘子抛向高处的时候，小淇淇的眼睛跟着向上看，这个时候我十分配合地发出惊呼声：“哇——”然后使劲拍手。这种幼稚而笨拙的表演引起我们的阵阵欢呼——这样演确实感觉有点过了，外婆有点看不下去，干脆回厨房洗碗去了。

小淇淇倒是十分喜欢，她开始知道“互动”，并且学着回应。(图16)

图16 给我橘子

小淇淇尤其喜欢爸爸“演砸”的动作，当橘子掉到地上，她就发出“啊”的声音，拼命地挥动小手，腿也不停地蹬，十分兴奋。我们希望她能注意到爸爸的动作，并将动作和语言、物品联系在一起：

橘子橘子，爸爸，扔——

XX XX，XX，X——

橘子橘子，爸爸，扔——

XX XX，XX，X——

（注意：念“橘子”时，转动拿着橘子的双手；念“爸爸”时，停止转动，双眼注视宝宝；念“扔”时，向上抛出其中一个橘子。）

这个游戏也可以反过来玩，先将拿着橘子的双手举高，并且转动，在最后一个节拍时假装不小心掉下一个橘子：

橘子橘子，掉掉，咻——

XX XX，XX，X——

你千万不要扔西红柿、火龙果、柿子或者其他容易摔得稀烂的东西，更不要拿体积大的皮球、沙袋向高空抛出——因为这样不但容易演砸，而且还可能“挂彩”。你还可以选用软的海绵球。

● 延伸游戏

小小读书郎

只要宝宝可以靠着坐在你身上，你就可以开始和他一起“看书”了。要选择大的、画面鲜艳的无字画报，或者简单情节的绘本。你并不需要讲故事给宝宝听，只需要重复画报中反复出现的动植物或者其他事物，让宝宝将语言和物品联系在一起。

温馨提示：

1. 太多的“不准”会让孩子产生“挫败感”，因此，家长在进行游戏16的训练时，如果孩子大部分时间能够正确听从指令，那么，我们就可以将“不准”改成单纯的“摇头”，而不是发出严厉的声音，然后等待孩子的回应。

2. 当孩子做出一些不良的行为，例如吞食脏东西时，切勿突然大声呵斥，或者以迅雷不及掩耳之势夺下孩子手中的东西，这样会吓哭孩子，让他不知所措。如果不是遇到非常紧急危险的情况，请尽量给孩子作出理解和反应的时间。而且，大人的行为很容易让孩子模仿，他将来也许会变得一惊一乍。

1.7 我有一双小小手

◆**游戏名称**

游戏17：玩玩你的手

游戏18：拍水

游戏19：抓紧它

◆**游戏目的**

1. 刺激宝宝手部向物件伸展及拍打的技巧。
2. 增强宝宝对双手的察觉及注视。
3. 提高宝宝双手握物的技巧。

◆**游戏时间**

每日3次，每次重复5遍以上。

◆**游戏准备**

浮水玩具，例如塑料鸭子、海绵（或未用过的洗碗布）、浴球、婴儿摇铃、不同材质的物件（纱巾、积木）。

毫无疑问，婴儿们都喜欢玩水，一直到他们长大，你不关上洗手间或者阳台的门，他们就能待在洗脸台那儿玩很久，久到你可以读完一本《史记》。

幸好地球的71%都被海洋覆盖，我们有足够的水。

淇淇刚出生的时候，我们带她去上游泳课，她的四肢在温度适宜的水里滑动，累了就全身放松，什么也不做，闭上眼睛歇着，十分惬意，她有一些分不清楚，自己是在母体里还是母体外。这让我相信，人出生在陆地面积只有29%的地球上是正确的，因为人不是两栖动物，将更加渴望和珍惜被水环绕的时光。

如果不游泳，最快乐的时光就在澡盆里。

赤条条来去无牵挂，是一个人享受生活的最高境界了。4个月的淇淇泡在澡盆里的时候，全身没有任何束缚，她欢喜地拍打着水面，她的神经遍布皮下，这让她更能感受到水纹波动的刺激。

玩水，手是最重要的工具。

游戏17 玩玩你的手

淇淇3个月的时候，正好是冬天。冬天宝宝穿得多，特别笨重，动作不灵巧，但如果洗澡就不同了，衣服都脱光，行动方便极了。

（一）将宝宝的手提高，并摆动，吸引她的注意力。

（二）协助宝宝，依次做出“拍手”、“搓手”、“绕手指”、“作揖”等动作。

（三）放开宝宝的双手，观察宝宝是否能够继续把玩自己的双手。

我有一双小小手，（轻轻提起宝宝双手）
一只左来一只右，（依次轻轻抖动）
小小手，作个揖，（协助宝宝用一只手掌包着另一只手掌）
爸爸请，妈妈请，（辅助宝宝作揖）
请和宝宝一起洗。（帮宝宝摊开双手）(图17)

图17 玩玩你的小手

淇淇对自己身体的每一个部分都感到好奇，即便是不洗澡，她也喜欢没事儿的时候把玩双手。

重点：双手的练习每日至少2～3次，每次1分钟左右。如果宝宝能够将双手放在一起把玩15秒钟以上，则算达到标准。

游戏18 拍水

当淇淇发现自己一双手能够挥动自如的时候，她意识到，新的探索开始了。这特别像一个刚从生产线下来的机器人，她必须先测试一下自己的“零件”，熟悉自己每一个部位，并且学习运用这些零件。

我为淇淇准备了5个能够漂浮在水面上的塑胶小鸭，让她进一步测试自己手的威力。

（一）扶着宝宝坐在澡盆里。

（二）拿起黄色的塑胶小鸭，吸引宝宝注意力。

（三）将塑胶小鸭放进澡盆，让宝宝触手可及。

（四）示范如何伸手拍打小鸭。

（五）抓着宝宝的手，协助宝宝用手拍打小鸭3下。

当小鸭被拍打而漂离淇淇的时候，我就将它们再次捡回来，放在淇淇身边，鼓励淇淇模仿妈妈拍打小鸭。她似乎一看就会，兴奋地拍击水面，挥动小手，虽然拍中小鸭的概率不高，但至少她这么去做了。(图18)

一只小鸭游过来，
举起小手用力拍，
小鸭藏到水里去，
躲得远远不敢来。

图18 水里的小鸭子

成功标准：并不要求百发百中，无论宝宝是否能够准确拍击到小鸭，只要她主动尝试用单手或者双手拍打浮水物件，都算成功。

游戏19 抓紧它

淇淇3个月的时候，抓握反射便渐渐消失了，她现在必须学习主动抓握物体，而不是无意识地握物。

事实上，“抓握”是两种动作，是不同的能力。淇淇首先要学习“抓”，抓要考验她的手眼协调能力，而“握”则需要手部小肌肉群的力量。

（一）让孩子仰卧，跪坐在宝宝身边。

（二）拿出大小不一、材质不同的2～3件物品，例如橡胶玩具、摇铃、海绵球等，让宝宝能够注意到这些物件。(图19)

图19 抓紧啦！

（三）依次用这些物品，例如海绵球，触碰宝宝手心，协助宝宝将手指合拢，握着海绵球。

（四）左右手各练习5次。

在宝宝还不能熟练地抓握物件的时候，需要妈妈对她进行体能上的协助，一旦她的双手能够抓握物件20～30秒，则应减少及取消对她的辅助。

什么东西碰小手？
软软的，圆圆的？
原来是个海绵球。
握紧球，不松手，
别让妈妈抢走球。

淇淇进步得很快，握住手心里的小物件已经不是什么难事，这个“小机器人”的动作越来越准确有力。当淇淇能够将小物品留在掌心30秒的时候，我尝试将物品从她手中抽离，借此训练她的“握力”。

当然，这种事情还是由温柔的妈妈来动手，爸爸的手心重，力量不好控制，容易弄伤宝宝。

有力量的手指，才能完成更多的动作挑战。

训练一个“小机器人”真不容易。

成功标准：在80%的练习中，孩子能抓握物件最低限度达30秒，不松手。

淇淇4个月以后，开始对脚也产生了兴趣，她开始学习用自己的手抓着自己的脚，就这样抓着，也能挺过30秒。这对于成人来说可真难，除非你是一个瑜伽高手。

● 延伸游戏

1. 触觉游戏

用不同材质的物品刺激宝宝掌心，促使其抓握，提高宝宝双手自主抓握能力。例如用光滑的或粗糙的木制品、塑料制品等各种实物，分别触及婴儿掌心。

2. 温觉游戏

用温水或凉水弄湿宝宝手心，提高其皮肤敏感度。

3. 抓握游戏

让宝宝仰卧，在距离宝宝的身体中线部位30厘米处悬吊一个海绵球（注意把握距离，要让宝宝伸手可及），鼓励宝宝用双手去抓球。这个游戏训练宝宝自主伸手及握物的技巧。

温馨提示：

1. 在游戏中注意观察宝宝是否有比较常用的某一只手。

2. 什么是“抓握反射”：正常新生儿出生后即出现的先天的暂时性反射之一，是指轻触婴儿手掌，或将食指放在婴儿掌心，婴儿立即紧握拳头的一种自然反应，该反应为灵长目种系发生的遗传，在婴儿3～4个月时消失，代之以自主抓握取代。

新生儿的抓握反射能力代表着其神经系统发育正常，是一种进化的适应能力，因此应有目的地不断提高婴儿的抓握能力。

1.8 手上的“马戏团”

◆**游戏名称**

游戏20：物品换手

游戏21：双手握物

游戏22：“贪得无厌”的小孩

◆**游戏目的**

1. 促进宝宝双手的协调运用。
2. 使宝宝能够有意识地将手松开，试图够取第三块积木。

◆**游戏时间**

每日3次，每次10分钟。

◆**游戏准备**

积木，调羹，婴儿喜欢的食物等。

婴儿们和谁在一起生活，真是太重要了。他们从主要照料者身上学习如何说话、如何做事、如何使用表情和声调，在婴儿们还没有是非判断能力之前，模仿是他们最重要的学习方式。

你，就是婴儿们将来的样子。

有一些婴儿，一提起他们就会让人头疼，他们喜欢摔东西。也许有一段时间，每一个婴儿都会这样，那是他们发现了“扔掷”物品的乐趣，觉得掌握这项本领是一件值得夸耀的事情，他们反复练习，但是这段时期很快会过去。8月前的婴儿就不大喜欢扔东西，他们正在学习“拿”和“把玩”东西，他们才舍不得扔出去。

人都是有“控制欲”的，通过双手，很容易找到“控制”某一样东西的满足感。我的一个朋友，洗澡喜欢用香皂，而不是沐浴露，他认为这样更容易控制“清洁”的走向。婴儿们也正试图寻获这种“控制”带来的满足感。

因此，6个月的淇淇开始探索自己双手的奥秘，看看自己是否能够指挥自己的双手，而这是一件需要学习的事情。只有你能够支配自己的身体，你的身体才真正属于你。

游戏20 物品换手

在淇淇还只有3个月的时候，淇淇爸爸就在她面前反复表演同一个老掉牙的把戏：手拿一个橘子，从右手抛到左手，左手抛到右手。当橘子在空手呈现短暂的抛物线时，爸爸发出“咿——呀”的声音，使得这个把戏充满惊险和乐趣。

这是天底下最“傻”最“无趣”的把戏了，可就是这样的把戏，能够在淇淇面前久演不衰，她对“换手”的动作感到好奇，她实在太崇拜爸爸了。

（一）准备4样可以让宝宝拿在手里的小物件：水彩笔、小扇子、积木、婴儿摇铃。

（二）和宝宝面对面坐着，将水彩笔放在宝宝一只手里，随便哪只手，要求宝宝握紧：“宝宝，拿着这支笔。”

（三）让宝宝看或者玩一会儿，如果彩笔掉下，妈妈则将彩笔捡起来，还是放入同一只手，让宝宝拿着。

（四）妈妈拿起宝宝没有握着彩笔的另一只手，将手掌打开，摸一摸手掌，让宝宝注视这只空手，对宝宝说：“什么也没有。”

（五）妈妈手指彩笔，鼓励宝宝将彩笔交到另一只空手上。

淇淇确实能够明白我的意图，她尝试将彩笔换到另一只手，刚开始的时候并不顺利，她将双手碰在一起，但是不知道如何交换，她担心一松手，彩笔就掉了，只好紧紧拿着（图20）。我索性捉住她的两只手，帮助她完成艰难的“彩笔换手”。

图20 彩笔是我的！

训练一个马戏团演员，还真的需要手把手地教。

在这样的练习中，对于淇淇来说，最关键的一步是要懂得“放手”，当她将彩笔交到另一只手里时，就应松开原来握笔的手。这也是让淇淇学习如何解决某些问题。

游戏21 双手握物

民间有一句教你取舍的谚语，说：“握紧双手，什么也没有；松开双手，你得到整个世界。”

婴儿们不这么想，他们认为，拥有某件东西就要双手都握着它。如果你给6个月的婴儿两样她都喜欢的玩具，她希望都握在手里；如果你给她1000样她喜欢的东西，她会停下来，等待自己变成千手观音。

6个月的淇淇，想同时拥有两样玩具，她就必须学习“双手持物”。

（一）和宝宝面对面坐着。

（二）把一件玩具递给宝宝，让她用手握着。(图21)

图21 这也是我的！

（三）观察15秒，如果宝宝15秒后依旧握着玩具，则将另一件玩具递向她的另一只手，使宝宝双手都拿握玩具。

（四）向宝宝描述双手上的玩具，吸引宝宝将注意力集中在玩具上，帮助她保持“拿握”的姿势。

婴儿们要保持这个拿握的动作，还是有一些难度的，因为他们的大脑要对双手发出指令，而双手肌肉群的力量可能不够，不足以维持这个姿势。无论如何，婴儿们都应该达到双手同时持物超过15秒，才能算是成功地掌握了这项技能。

游戏22 “贪得无厌”的小孩

当淇淇的双手能够熟练地拿握玩具之后，她的满足感获得了极大的膨胀。但是，人很有意思，他们希望拥有更多，就像心猿意马的女生，脚踩两只船已经是够难的了，可当第三只漂亮小船飘过来的时候，她还是想踏上去。

怎么办呢？人只有两条腿。所以，她只有放弃其中的一只船，才能踏上另一只。(图22)

图22 这些都是我的！

当婴儿们看见第三件让他想持有的玩具时，他们也必须作出选择。

（一）和宝宝面对面坐着。

（二）让宝宝双手各持有一件玩具，如积木。

（三）将另一件物品递给宝宝，例如她喜欢的食物，观察孩子是否能够放下其中一只手里的玩具，来拿取食物。

（四）如果宝宝不能这样做，则轻轻地用手协助宝宝，让她先放开手上的玩具，然后去拿取食物。

天底下所有取舍都是艰难的，人们每当遇到难题的时候，最无助的是不知道扔下哪一个，而婴儿们并不考虑这一点，他们的问题在于根本就没有意识到自己只有两只手。因此，这样的游戏，是帮助婴儿们发展有意识地将手掌松开。

当然，有时候，你会遇到一些专一的女生，例如小淇淇，她拒绝在同一时间双手各握一件玩具，她对另一件玩具根本不感兴趣，也不想拥有。但这并不意味着我就没有办法对付她，让她完成这个“有意识松手”的试验。

办法：用手抓着孩子没有持物的空手，限制这只手的活动，再出示她喜欢的食物，迫使宝宝要想拿取食物，就必须放下手里的玩具，因为她只有一只手可以使用。

要对付这样一个“小人儿”易如反掌。妈妈最大的本领就是“见招拆招”，你只需要拿出对付自家先生一半的智慧，就能搞定婴儿了。

● 延伸游戏

1. 拉大锯

使用两条纱布或者毛巾，和宝宝双手各执一端，先试探着轻轻拉扯，观察宝宝的反应，锻炼宝宝手部抓握的力量，然后再进行游戏。游戏适合能够独坐并双手握物超过15秒的宝宝。

拉大锯，扯大锯，（和孩子面对面前后拉扯毛巾）
姥姥门前看大戏，
猫也去，狗也去，
就是不带宝宝去！（轻轻放下毛巾）
呜——（假哭）
带我的宝宝一起去！（一把抱住宝宝）
游戏可以重复3~5遍。

2. 灰狼先生

准备积木4块，宝宝两块，妈妈两块，念诵儿歌，并鼓励宝宝模仿妈妈的动作，一起游戏，发展宝宝主动双手持物，并进行积木对敲的能力。

灰狼先生吃小兔，（将积木摆在宝宝面前）
东抓一只兔，西抓一只兔，（左右手一起拿起积木）
一下抓了两只兔。（双手积木对敲）
给你一只兔，（将其中一块积木递给宝宝，鼓励宝宝够取）
给我一只兔，（捡起宝宝放弃的积木，拿在手上）
灰狼请你吃小兔。（双手积木再次对敲）

如果宝宝不能按照儿歌提示完成动作，则应分解和放慢儿歌念诵速度，例如，当念到“给你一只兔”时，有意停顿，将手上积木递给宝宝，观察宝宝是否能够放下自己一只手上的玩具，去拿你给她的积木，如果不能，则应帮助宝宝。

温馨提示：

1. 在训练宝宝左右手互换物品时，一周之内至少要提供给宝宝5～8件不同长短的小物件，除了好握的长形物品，如彩笔、节奏棒、摇铃、长勺等之外，也可用短的如小积木、海绵球、笔擦等。

2. 如果游戏20的训练宝宝不能完成，可以尝试把一件小玩具放在宝宝一只手上后，再把另一件小玩具放在离这只手较近的地方，但要远离另一只手。宝宝有可能会将手中的物件转移到另一只手，或者丢弃，而用这只手去够取这件玩具。如果宝宝无动于衷，则可以口头暗示或者直接帮助她。

1.9 蚂蚁的旅行

◆游戏名称

游戏23：小蚂蚁舞

游戏24：浪花一朵朵

◆游戏目的

1. 使宝宝熟练爬行。

2. 使宝宝体验下蹲、跳跃、快速移动等动作变化，发展其平衡觉和空间方位感。

3. 促进亲子感情。

◆游戏时间

任何时候，包括睡前。

◆游戏准备

呼啦圈，小铃铛，小蚂蚁图片，绘本，大浴巾或床单，装好水的脸盆。

南方的冬天比较湿冷，晚上睡觉的时候，我给9个月的女儿穿上一件“夹袄”，没有袖子，长长的，从头到脚套下来，但脚可以伸出来。然后再盖上被子，你就可以安心去睡觉，不用担心宝宝会着凉了。淇淇是很喜欢蹬被子的，所有的孩子都喜欢蹬被子，孩子是一个燃烧着的火炉，我们只好用这个办法对付他们。

淇淇并不愿意穿夹袄，当然了，谁也不愿意睡觉的时候穿个“防弹背心”那么厚的东西，有的人甚至愿意裸睡，而裸睡经常需要付出代价，例如感冒生病什么的。我要淇淇穿着“防弹背心”睡觉，“风寒”不会来找她麻烦，以确保安全。

为此，我要编一个“小蚂蚁”的故事，让她领会穿上这个，她就跟可爱的小蚂蚁是“一伙儿”的了。

游戏23 小蚂蚁舞

小蚂蚁为什么可爱呢？它的外表并不是很招人喜欢，个儿小，黑，腿细，甚至没有什么智慧。但是它很自由和快乐，它和宝宝一样，能够爬来爬去，去一切它想去的地方。

我找了一张“蚂蚁”的图片，这必须是一张真实的蚂蚁图片，而不是会眉开眼笑的那种卡通蚂蚁图，孩子必须接触到真实的图像，才会对事物有具体的印象(图23)。有的孩子从来没有见过老鼠，真的见到老鼠的时候，才惊叹：天啊，这就是米老鼠吗？

图23 看，小蚂蚁

在白天，我们除了认识蚂蚁，还专门到楼下转了转，去寻找蚂蚁。蚂蚁很好找。如果9个月的宝宝非要养一个宠物，就可以养蚂蚁。玩具城卖的“蚂蚁”，个头特别大、特别黑。让孩子们观察“蚂蚁巢穴”，它们不吃不喝也能活一阵子，这是一项很有意思的生物观察活动。

为了美化蚂蚁，我设计了有趣的游戏，让9个月的淇淇喜欢蚂蚁，自己也愿意成为一只蚂蚁。

蚂蚁地上爬，（抱着宝宝左右扭屁股）

爬过小山洞，（抱着宝宝向前小跑一段）

爬上小山顶，（将宝宝举高）

再转一个圈，（将宝宝举高转圈）

回到你家里！（抱着宝宝跑回原地）

淇淇很开心，每天下班回来，她都要我抱她玩一下这个游戏，她感觉很刺激，尤其是我把她举过头顶的时候，就像一只蚂蚁忽然发现自己会飞，激动无比。为此，淇淇也更加关注蚂蚁的举动，蚂蚁成为她近期的朋友，她更愿意像蚂蚁一样爬来爬去。

于是，在第二天，我准备了一个呼啦圈，在呼啦圈上系上一个小铃铛，系在淇淇爬过去就能碰响的地方。

小蚂蚁，钻山洞，（逗引宝宝爬到“山洞里”，穿过“山洞”）
钻过来，钻过来，
钻到妈妈这里来！
蚂蚁蚂蚁你真棒！（宝宝爬过来后，要立即亲吻她）

如果能够买两个以上的呼啦圈，并且全家总动员的话，那就会使游戏更加有趣了。爸爸妈妈各拿一个呼啦圈，“钻到妈妈这里来”，“钻到爸爸这里来”，一个呼啦圈接着一个呼啦圈，一个“山洞”接着一个“山洞”。

游戏24 浪花一朵朵

一只会跳舞的蚂蚁并不让人感到奇怪，宝宝们认为所有的动物都有可能会说话。如果你让宝宝对楼下的小狗挥手再见，她也会正儿八经地挥挥手，甚至给一个飞吻。

借此机会，我们还要宝宝知道，有生命的东西，都有梦想。蒲公英的梦想也许是变成一只蝴蝶，蝴蝶的梦想也许是穿上一件婚纱——我们应该尊重每个人的梦想。

蚂蚁的梦想是周游世界。

我准备了一张自己剪好的卡纸树叶，一只剪好的蚂蚁图片，还需要打印一张“大海”的图。这在网络高速发展的今天，办到这一切都很容易。

这是一只小蚂蚁“黑黑”，“你好，淇淇！”淇淇，你也向小蚂蚁问好吧！摸摸它，你好！小蚂蚁想到大海上玩（出示“大海”图片），它找到一片树叶（出示树叶卡纸），我们一起去好吗？

然后我将蚂蚁放在树叶卡纸上，将它们放进装了水的脸盆里。小蚂蚁纸片浮在水中。淇淇觉得很新鲜，她试图用手将纸片从水里捞出来。

不不不，这绝对不行，这将破坏我的计划。

既然淇淇已经建立了游戏的“雏形”概念，知道这个“戏”该怎么演了，那么，我们就应该开始这场游戏了。

我将淇淇放在铺好的床单中间，如果有爸爸协助的话，会更生动一些，如果没有，你只好自己一个人绕着床单转圈快跑，不断地抓起床单的角上下挥动，制造“波浪”。淇淇很乐意坐在中间，她也试图爬过来，或者爬过去，就像和浪花做斗争，但是很遗憾，床单总是会轻轻拂到她的脸上，阻止她找到出路。(图24)

图24 浪花一朵朵

淇淇很开心，而妈妈已经累得半死。因为我一边挥动床单一边还要喊叫，制造效果：“呼——浪来啦！”

人不可能一直在大海中漂泊，没有结局的事情会让人恐惧，所以，你需要渡过大海，住进“大房子”。

妈妈实在跑不动的时候，就可以叫爸爸来：快来救命！

蚂蚁和宝宝去旅行，

穿过浪花，穿过浪花，（上下挥动床单）

穿过一朵朵大浪花。

风来了，呼——

浪来了，呼——

穿过浪花到家了！（停下）

停下来的时候，妈妈可以和宝宝一起躲到床单的下面，这必须是两个人，如果你将宝宝一个人塞到床单下面，那就不是亲子游戏，是恐怖游戏。

当我们躲在床单下面的时候（住进大房子），爸爸则继续挥动床单，这更加好玩。

延伸游戏

1. 大壁虎和小壁虎

对于宝宝来说，所有的经验都来自于模仿，可以和宝宝面对面趴着，让宝宝看着你是怎么屈膝和抬起身体的，并且让她模仿你，一起爬行。

壁虎见面问你好，（趴在地上）

伸腿，伸腿，伸伸腿，（依次将腿屈起，成跪姿）

伸手，伸手，伸伸手，（依次将手向前伸出，收回，支撑身体）

吧唧，吧唧，向前爬。（慢动作展示双手和双腿交替爬行）

爬到你的头，亲亲你，（重复一次交替爬，亲吻宝宝额头）

爬到你的脚，亲亲你。（夸张展示爬的动作，亲吻宝宝脚丫）

2. 与你共舞

平常可以多抱着宝宝跳舞，两步、三步、快三、慢三——通过移动身体和速度的变化，加上一些下蹲、跳跃、转身的动作来发展宝宝的平衡觉，让宝宝产生空间方位和动作之间的联系。

温馨提示：

1. 有的宝宝到了9个月都还不会爬行，也不要着急，但是一定要让宝宝学会。爬行能够提高宝宝的肢体协调能力，通过爬行宝宝将探索更多未知世界。

2. 爬行的方法：

（1）对不会屈膝，用四肢支撑身体、胸部和腹部离开地面的宝宝：用浴巾或大毛巾托住宝宝腹部，帮助宝宝移动身体，要注意力度，不要将宝宝完全提离地面，而是协助她学会用手和脚作为支撑点。

（2）对于不会向前移动或只会单腿移动的宝宝：一个人在前面逗引宝宝，另一个人在宝宝身后，手掌打开，双手顶住宝宝双脚。当宝宝向前伸出一条腿的时候，用手掌为宝宝顶住另一条腿，不让她失去重心，提示宝宝左右腿交替前行。

1.10　要么跳，要么爬

◆游戏名称

游戏25：汤姆掰玉米

游戏26：小猫打呼噜

◆游戏目的

1. 训练宝宝腿部和手臂的支撑力量，刺激其爬行的欲望。
2. 提高宝宝空间方位感、平衡感。
3. 促进亲子感情交流。

◆游戏时间

任何时候。

◆游戏准备

轻快的音乐，MP3播放器，“猫”的头饰或者毛绒玩具，大毛巾或者浴巾，猫叫声的音乐。

我是一个很喜欢抱孩子的人，直到现在，女儿淇淇已经6岁了，我每天都恳请她让我抱一下。除非是她生病了，否则，她就像鳗鱼一样滑溜，你休想她老老实实地待在你怀里，她会问你：“抱够了吗？”

所以，我特别怀念淇淇1岁之前的时光，你可以抱着她跳舞，抱着她旋转，抱着她跳跃——无论是迎着朝阳还是落日余晖而舞，都是我和这个女孩最甜美的时光。

而我的一个同事，是一位爸爸，只要他的女儿喜欢，他每天早上送女儿去幼儿园的时候，都让孩子骑在他的肩膀上，他说：“等女儿6岁以后，就是你逼她骑在肩膀上，她都不愿意了。”

珍惜孩子黏着你的时光。

游戏25 汤姆掰玉米

在幼儿园，孩子扎堆的地方，你总是能够找到那么一两个“感觉统合”不大好的孩子，他们跑着跑着就会把自己“刮”到墙上去，走着走着自己就摔了，如果你让他们在蹦床上弹跳，被弹起以后他会找不到落下的平衡点，像一个轱辘一样在蹦床上翻滚。

如果你在孩子婴儿期能时常抱着他们跳舞的话，不但能够促进亲子感情，使宝宝们具备更好的节奏感，区分上下前后的空间位置，也能避免感觉统合失调的情况。

在淇淇4～6个月，我能够自由自在竖着抱她，而不用担心她东倒西歪的时候，抱她跳舞就更加得心应手了。在抱着孩子上下左右移动的时候，周围的事物在他们的眼里跟着摇动，他们能够更好地体验空间位置的变化，这对学习爬行、把握方向，也有一定的好处。

汤姆掰玉米

汤姆掰玉米，你不用担心；（抱着宝宝按逆时针方向转圈）

汤姆掰玉米，就当没看见。（将宝宝举高，向前走）

玉米放下来，（将宝宝放下）

放进仓库里；（握着宝宝双手，并且举高）

仓库锁起来，（握着宝宝双手，对击）(图25)

汤姆走开来。（仍然握着宝宝的双手，绕着宝宝顺时针转一圈）

图25 仓库锁起来

在这个游戏当中，能够一边念诵儿歌，一边播放轻快的背景音乐会更好一些。这个时候，我们移动的范围显得非常大，并且出现了一个“轴”，我在地板的某一个位置上用透明胶贴了一张小鸟卡片，当向前走的时候，我们在这个点停下来，让淇淇坐在卡片的边上，淇淇变成了“轴”，妈妈绕着淇淇转。

虽然6个月的淇淇不会说话，但是，从她的情绪中，我可以感觉到，她十分乐意这样玩，我们一口气玩了3遍。

游戏26 小猫打呼噜

在我们愉快地跳完舞之后，淇淇并不会因此罢休，可是我们不能在一个游戏上纠缠，凡事事不过三，你不能陪着同一个人喝同一种咖啡坐上一整天，对方也不能。

我们要换到下一场。

事实上，抱着婴儿们跳各种舞都仅仅是热身，是前奏。6个月的淇淇很有必要去观察和体验爬行，我设计了一个关于“猫”的游戏。

（一）妈妈出示小猫的头饰或猫的毛绒玩具，引起宝宝的兴趣。婴儿们对小动物都情有独钟，他们认为人类和动物是近亲，是一家人。妈妈将猫的头饰戴在自己头上，宝宝会对你的新形象感到惊喜，乐意持续注视着你，这样，你就拥有了一个忠实的观众看你表演。

（二）播放音乐，倾听猫的叫声。倾听的时候，并不需要你说那么多废话，免得分散宝宝的注意力。如果找不到猫叫的音乐，你就必须自己上了，猫叫是很好学的。

（三）妈妈模仿猫的爬行和休息的动作。

一只懒猫睡大觉，（妈妈双膝跪地，上身趴在大腿上，双手前向伸直）

呼噜呼噜呼噜噜，（持续反复）

伸伸手，伸伸手，（左右手交替向上伸一次）

伸伸腿，伸伸腿，(左右腿向后交替蹬一次)

看见一只小老鼠，（面朝宝宝爬过去）

嗷呜一口吃下去！（一把抱住宝宝）

刚开始的时候，淇淇只是瞪大眼睛看着妈妈表演，直到我一把抱住她的时候，她才感到由衷的雀跃，被人逮到的感觉真好。但是，每个孩子的性格气质都不同，就像这个世界上没有相同指纹的人一样，也没有完全相同的孩子。有的孩子可能会因为你突然扑过去而感到害怕，大哭，打死也不愿意再玩这样的游戏了。所以，只有你最清楚自己的孩子，如果他胆小，你抱住她的动作要慢和轻柔，做一只客气的猫：“我能吃掉你吗？”给婴儿们一个心理准备。(图26)

图26 小猫抓老鼠

“猫抓老鼠”也只能玩3遍，你要走入下一个游戏流程，无止境的反复动作，就不叫做“游戏”，而是高强度的锻炼，你又不是体操运动员，没有必要这样锻练自己。

（四）找一条大毛巾，让宝宝成跪姿，用大毛巾托住宝宝的胸腹部，将气球或者有趣的玩具放在离宝宝不远的地方，引导宝宝爬行。

这个时候，你不用把猫的头饰戴在宝宝的头上，他们会一直想把头饰挠下来，你就没法儿让他学爬了。

还有一点是非常重要的，千万别自寻烦恼在宝宝睡前玩这样具有一定运动量的游戏，那样容易使他们感到兴奋，人一旦兴奋，要平静下来是需要一些时间的。

● 延伸游戏

1. 小跳珠

让宝宝站在自己的大腿上，双手扶在宝宝的腋下，进行支撑，鼓励宝宝蹬腿，向上跳跃，锻炼宝宝腿部肌肉力量，感受弹跳的动作。

2. 踩自行车

让宝宝平躺在床上，用手将宝宝双脚提起，抓住宝宝的脚腕处，帮助宝宝前后蹬腿，注意动作要轻缓，控制一下力度。等宝宝对这个动作熟练以后，可以在宝宝脚的位置悬挂铃铛或者其他玩具，提起宝宝双腿，协助宝宝踢到铃铛，激发宝宝主动蹬腿的欲望。

温馨提示：

1. 感觉统合失调：指外部的感觉刺激信息不能在孩子中枢神经系统进行有效组合，而使机体不能有效运作，它将意味着儿童的大脑对身体各器官失去了控制和组合的能力，这将会在不同程度上削弱人的认知能力和适应能力。例如前庭觉平衡失调（多动不安、易摔等）、视觉、听觉统合失调、本体感失调（不会拍球跳绳、五音不全、没有方向感等）、左右脑平衡失调。

2. 在游戏前请勿喂食，游戏中注意观察宝宝手臂的位置，及时调整动作，帮助宝宝主动向前移动，使其胸腹部离开地面，如果宝宝不愿意配合，则应停止游戏。

1.11 好玩的声音游戏

◆**游戏名称**

游戏27：你的朋友可真多

游戏28：走和停

游戏29：一只贪吃蛇

游戏30：补鞋匠

◆**游戏目的**

1. 发展婴儿的语言理解能力与节奏感。
2. 能够模仿发音。
3. 体验游戏的快乐，促进亲子感情。

◆**游戏时间**

每日3次，每次重复3～5遍。

◆**游戏准备**

塑料杯，不锈钢杯子，玻璃杯，筷子等。

淇淇已经7个月了，她的体重达到了21斤，当118斤的我抱着她出门的时候，在外形上能够相映成辉，较为和谐，好过妈妈肥得像小猪、宝宝养得瘦不伶仃的那种搭配。

可是，尽管吃得好睡得好，7个月的淇淇仍然有许多的烦恼，她开始更加需求爱抚，渴望进行更多的情感上的交流，也更易滋生一些烦躁的情绪。婴儿们的一些行为和情绪，都仅仅是暂时性的，总是出现得很突然，也消失得很迅速。

淇淇需要更多和妈妈肢体上的接触，但并不是单纯的拥抱，而是需要从妈妈肢体变化的游戏中，获得学习的信息。她想要和妈妈待在一起的时间再长一些，可是并不是干坐着，而是要玩游戏，7～9个月的婴儿们有了更多的社会化交往要求，似乎他们也明白：朋友并不是拿来聊天逛街的，而是模仿和学习的对象。三人行必有我师，我就是淇淇的朋友和老师。

游戏27 你的朋友可真多

7个月的淇淇能够明白一些大人的语意了，没有意义的音节游戏对她而言，似乎有点儿“幼稚”，如果这个时候，我再对着她“咿呀呀”，她会很无趣地看着我。

（一）和孩子面对面坐着，拉着孩子的手，让她关注你的声音。(图27)

妈妈抱宝宝，一起跳个舞，

转个小圈圈，再来跳一跳。

小猫你也来，我们一起跳。

喵——

图27 一起跳个舞

（二）将孩子抱起来，一边唱歌或者念诵歌谣，一边跟随节奏做相应的动作，当唱到“喵”等动物叫声时，停下来，鼓励孩子模仿发音。

3 5 3 1 1 | 2 3 4 6 5 | 6 6 5 4 3 | 2 2 2 3 2 |

妈妈抱宝宝，一起跳个舞，转个小圈圈，再来跳一跳。

3 3 3 2 1 | 3 5 4 3 2 1 | X——¶

小猫你也来，我们一起跳。喵——

（三）可以将叫声换成小狗汪汪叫、小羊咩咩叫、青蛙呱呱叫等.无论孩子是否能够模仿发音，这个游戏对于孩子来说，都是很好的语言、节奏、动作结合的练习，能够激发孩子愉悦的情绪。

游戏28 走和停

不见得每一次这样的发音游戏中，淇淇都能有优秀的表现，有的时候，她甚至只会笑，无论你停下多长时间，她都不愿意模仿发出和你类似的声音。但这并没有关系，我们可以换更有意思的方法，一步一步地让婴儿们将语言和动作联系在一起，最终理解我们的意思。

（一）熟悉以下念谣：

XXX XXX | X. 0. | XXX XXX | X. 0. |

让我们走走走 停　让我们走走走 停

让我们走走走 跳　让我们走走走 跳

（二）一边念诵这个童谣，一边抱着婴儿在室内走动，当念到“停”时，抱着婴儿蹲下来；当念到“跳”时，抱着婴儿轻跳一次。

在这个简单的游走中，我每一次在“停”和“跳”的动作之后，都会改变念谣的速度，也改变行进的方向，走得快一些或者慢一些，往东走或者往西走。时间和空间的变化，让淇淇意识到，她对每一段念谣的开始都有一种期待，因为她不知道接下来会发生什么。(图28)

图28 走一走，停一停

生命也是这样，你永远不知道下一分钟会发生什么，所以生活才显得有趣。因此，千万不要一个节奏念到底，一个方向走到底。

游戏29 一只贪吃蛇

除了站起来走走跳跳之外，淇淇也愿意和我一起坐下，安静地待着。我们其实并不在乎和我们爱的人在一起做什么，只要在一起，就够了。

（一）将宝宝抱着坐在自己的腿上，讲述绘本故事《一只贪吃蛇》。

故事大意：

有一只贪吃蛇，在树林里扭来扭去。它看见一个苹果，一口吃了下去；它的肚子还是很饿，它又看见了菠萝、饭团、香蕉，把它们都吃了下去，最后连苹果树也一口吃下去了。

（二）让宝宝坐着或者躺着，一边念诵根据故事改编的儿歌，一边按摩婴儿的胳膊和手心。（图29）

图29 一只贪吃蛇

有只小蛇肚子饿，（抚摸婴儿整个手掌，帮助其打开手掌）
先吃一个大苹果，（按摩大拇指指尖）
再吃一个小饭团，（按摩食指指尖）
还要吃一个菠萝，（按摩中指指尖）
吃完菠萝吃香蕉，（按摩无名指指尖）
吃完香蕉吃什么？（按摩小指指尖）
吃一棵高高的苹果树！（并拢手掌，从婴儿手腕处轻轻推向其胳膊，轻扰腋下，逗笑宝宝）

这个游戏可以反复玩两遍，左手一遍，右手一遍，如果宝宝仍然要求你再玩一遍，可以继续玩下去，婴儿们喜欢简单重复。

游戏30 补鞋匠

除了模仿发音之外，淇淇对于声音的起源也很疑惑，她不知道声音是怎么“制造”出来的。

（一）准备不同材质的杯子3个，如玻璃杯、塑料杯、不锈钢杯。

（二）给孩子一只筷子，让她敲击杯子。

（三）抱着宝宝坐在腿上，杯子放在她够不到的地方，妈妈手持筷子，一边念诵童谣，一边敲击杯子，注意：在敲杯时仅让婴儿关注杯子发出的不同声音即可，大人不要模仿杯子发出的声音，以免造成婴儿听觉上的混淆。

对面住着一个补鞋匠，
他每天补鞋可真是忙。
先钉一双爸爸鞋，
XXX，XXX，(敲打塑料杯子)
再钉一双妈妈鞋，
XXX，XXX，（敲打玻璃杯子）
还有一双宝宝鞋，（敲打不锈钢杯子）
一共钉了三双鞋！
X，X，X。（逐一敲打3个杯子各一次）

（四）将杯子移近一些，妈妈握着婴儿的手，协助婴儿拿好筷子，尝试根据儿歌提示进行敲打。（图30）

图30 敲一敲，真好听

如果你不协助宝宝们进行敲打动作的练习，那么，也许他们就如同淇淇一样，乱敲一通，或者挥舞筷子，但并不能每一次挥舞都能敲在杯子上，这也是需要手眼协调技巧的动作。

但是，无论如何，淇淇对声音的兴趣越来越浓厚，她越来越渴望能够和大人用语言进行交流，而不是靠动作和眼神。

● 延伸游戏

1. 哗啦啦

往洗净的益智奶塑料罐里装入不同数量的绿豆，第一个罐子装1/3，第二个罐子装2/3，第三个罐子装满，递给宝宝，让她拿在手里摇动，体验声音。

2. 叮当闹钟响

抱着宝宝，边念诵儿歌边做动作。

叮叮当当闹钟响，（双手托住宝宝腋下，左右摇摆两次）
一群老鼠爬上墙，（将宝宝举高）
老猫一声喵喵叫，（停止不动）
老鼠吓得滑下来！（将宝宝放低）

温馨提示：

1. 7～9个月的婴儿开始认生，他们需要更多情感上的关怀，渴望能够和亲密的照料者进行语言和动作上的沟通，这是他们模仿和学习发音、理解语意的机会，这个时期的婴儿对节奏和音调能产生极大的共鸣，如果大人能够用夸张的表情、语调和稳定的节奏和孩子进行游戏的话，能够收到意想不到的效果。

2. 除了“爸爸”、“妈妈”、“欢迎”、“再见”等词义宝宝能够明白之外，还能做出相应的动作。9个月的婴儿可以根据你语言的暗示指出自己的五官，因此，在这个阶段的语言教育中，家长应多使用手势，通过肢体动作帮助婴儿们理解词义。

1.12 牙齿不是长来看的

◆**游戏名称**

游戏31：厉害的门牙

游戏32：唇齿操

游戏33：鲨鱼的朋友

◆**游戏目的**

1. 发展宝宝咀嚼的技巧（固体食物）。
2. 训练宝宝口部肌肉。
3. 提高宝宝手眼协调能力。

◆**游戏时间**

任何时候。

◆**游戏准备**

薄的苹果片、磨牙饼、青瓜、薯条等孩子能用手拿住的食物，兔子图片，鲨鱼玩具。

在幼儿园，我经常可以见到一些讨厌吃饭的孩子，他们喜欢各种面食或者粥类，憎恨蒸饭和肉片、青菜。青菜一定要剁碎，像喂小鸡似的那么碎才可以。他们的喉咙好像特别小，稍微大一些的食物放进嘴里，就能够使他们呕吐。

在咀嚼食物这方面，他们很笨。

人好像天生就是“食客”，吃东西是一种本能，看起来并不需要特意去学习，但是，偏巧就是这么多的孩子要这样一直吐到大班。

如果世界上能够有一所专门训练婴儿的“西点军校”，我也会把孩子送进去，而且最好是“速成班”，因为在每一个阶段，婴儿们要学习的东西总是那么多，敏感期却总是那么短，稍纵即逝，“抓住敏感期教育才能事半功倍”，否则要花更多的时间来完成。咀嚼也有敏感期，在婴儿长牙了以后，他们要抓紧时间锻炼自己的口部肌肉，学习进食。

游戏31 厉害的门牙

淇淇8个月时才长出的门牙，像小贝壳那么漂亮。她喜欢抓咬各种东西，难免要淌一些口水。我一直认为牙齿是人一生当中最不能失去的东西之一，对待乳牙的态度将影响恒牙的生长，关系到每一颗恒牙的生死存亡。所以，我要淇淇爱自己，爱自己的牙齿，要会使用它们。

婴儿用品店有销售各种款式的塑胶“牙咬”，经过我的试验，还是使用天然的食物充当“牙咬”，给婴儿们磨牙会更合适一些。

你扔什么食物给婴儿，他们就咬什么，这个几乎不用教。

你要考虑的是让他们咬什么食物。

切成薄片的苹果、一个青瓜条、一包磨牙饼干，甚至是一小块胡萝卜，都是不错的“磨牙食物”。(图31)

图31 厉害的小门牙

可是很多婴儿刚长出门牙的时候，并不知道可以用“它们”咬碎或咬断食物，婴儿们更多的是将食物塞进两边的牙肉处，费力地咬碎。

我找来一张兔子的图片，要夸张一些，兔子的门牙要很显眼地露在外面，“兔八哥”就是这个造型。首先，我们认识一下我们的新伙伴“门牙”。

兔子大门牙，（指一指兔子的门牙）

宝宝小门牙，（碰碰宝宝的嘴唇或者牙齿）

妈妈大门牙，（咧开嘴露出门牙，让宝宝看清楚）

宝宝小门牙，（碰宝宝门牙）

门牙作用大，（从盘内取一薄片苹果）

咔嚓，XXX，（用门牙咬下苹果，一小块即可，动作要夸张）

苹果真好吃！（将盘子递给宝宝，让宝宝尝试）

模仿的力量是无穷的，你可以和孩子一起享用这份水果，怡然自得，你要告诉在你身边走来走去的孩子爸："我正在进行早教。"事实上，你确实在这么做，婴儿们会注意到你夸张的表情，还有缓慢的咬合速度，他们也在学习和你一样去处置这些苹果。

游戏32 唇齿操

淇淇长牙以后，我感觉到，也许这离她开口说话的时间不远了。牙齿除了咀嚼食物，也能够帮助我们吐字发音。无论是哪一种，口部肌肉的应用，都显得非常重要。

阿，巴，巴（张大嘴发a音，闭上双唇发爆破音ba,下颌运动）

阿，巴，巴（重复一次）

呜，啧，啧（撮起双唇作亲吻状，撮展唇运动）

呜，啧，啧（重复一次）

嘻，嘻，嘻（裂开双唇，撮展唇运动）

呼，呼，呼（鼓起腮帮，呼气）

太难的唇齿操，婴儿们肯定是不会的，但是你在做夸张的动作和表情时，能够恰当地为动作配音的话，会使婴儿更加愿意注视你，这些音效也通常能使他们发笑。（图32）刚开始，不要期待婴儿们可以做到，淇淇就不能连贯地做完这一节操，但是，在她可以控制的范围内，能模仿你做出一两节，她在学习。

图32 会笑的牙齿

我有的时候会像兔子或者老鼠，露出我的门牙，让淇淇敲敲我的门牙，或者轻轻咬一咬淇淇的手指头，我只是想让她看到，牙齿是可以上下咬合的，让她体验被咬合的感觉。

我也要求每天她能够让妈妈我看看她的牙齿还在不在，并且向她的小牙齿问好：辛苦了，小牙齿。

游戏33 鲨鱼的朋友

宝宝的牙齿很少，实在不怎么好玩。为了让淇淇能够充分意识到自己的牙齿让所有的食物都闻风丧胆，厉害得不得了，我找到了一个大人才敢玩的玩具——鲨鱼。鲨鱼的牙齿非常多，你要一个一个往下按，你并不知道按到哪一个牙齿，鲨鱼会突然合上嘴咔嚓一下紧紧咬住你的手指，你的反应要很快。（图33）

图33 小鲨鱼别咬我

我在淇淇面前表演这个刺激的游戏，淇淇能体会到牙齿咬上时的力量。

牙齿，牙齿，咬住手指，（慢慢地移动手指，按压鲨鱼牙齿）
一个，一个，咬住手指，
牙齿，牙齿，坚硬牙齿，
一下就能咬住手指，呀！

你如果运气不好，还没等念完就会被咬到，淇淇会因为妈妈被“咬到”发出“呀”的声音而感到开心，咯咯笑个不停。对于婴儿们来说，动作重要，声效更加重要。

但是我并不让淇淇去做这个尝试，而是给她一把小牙刷，让她认识刷牙的工具长什么样子，让淇淇帮助鲨鱼刷牙，告诉她刷白一些后牙齿更厉害。我向淇淇演示了刷牙的方法，但是并不在意她将牙刷放进鲨鱼的嘴里乱刷，只要刷毛能够碰到牙齿就行。显然喜欢刷牙的鲨鱼并不咬人，你只需要事先将那颗有“机关”的牙齿处理好就行。

● 延伸游戏

1. 我刷我刷我刷刷刷

每天都要帮助宝宝清洁口腔，当使用宝宝牙刷或者纱布清洁口腔时，可以念诵“刷牙歌”，让宝宝们感觉这是一件快乐舒服的事情，愿意清洁口腔，如果宝宝咬住了你，千万要忍住，不要突然大叫。

刷牙啦，刷牙啦，
宝宝长出牙齿啦！
小牙齿，真漂亮，
刷刷就变干净啦！

2. 我喂你吃

你可以买到一些指偶，能够张嘴的那种指偶，戴在手上，让宝宝往指偶嘴里送食物，妈妈假装“咬”住食物，做上下咬合状。

温馨提示：

1. 如果宝宝不能将食物咬碎或者咬开，大人可以站在宝宝的身后，将拇指放在她口腔一边的牙咬处，食指放在下巴上，中指则放在下巴之下，利用拇指固定孩子的牙臼，食指和中指则帮助她把下颚上下移动。也可以轻托宝宝的面颊近下颚处上下移动，以帮助宝宝咀嚼食物。但是很少有宝宝会需要这种帮助，这也显然会让宝宝很不舒服，动作要轻柔，宝宝抗拒则立即停止。

2. 事实上，并不需要等到宝宝长出牙齿才可以给她食物去咬烂，可以尝试各种不同质感的食物，鼓励宝宝进行咀嚼的动作。

3. 不要让宝宝单独进食固体食物，以免因吞食大块食物而导致窒息。

4. 如果宝宝不愿意配合咀嚼，千万不要勉强。

5. 游戏的先决条件是，宝宝已经可以用手拿取食物送进自己口中。

1.13 小鸟走过的地方

◆**游戏名称**

游戏34：东东和洋洋

游戏35：踩呀踩

◆**游戏目的**

1. 使宝宝学习站立。
2. 使宝宝能够手随眼动，手眼一致，培养手眼协调能力。
3. 使宝宝认识和喜欢自己身体的部位，加深对身体结构的了解。

◆**游戏时间**

任何时候。

◆**游戏准备**

小鸟卡片，小鸟指偶4只，托盘，音乐，有盖子的杯子，手帕，小玩具，脚丫卡片，白色大张卡纸，红色水粉颜料，湿纸巾，纸巾，排刷。

一转眼，淇淇已经8个月了。她刚出生的时候，我只希望上帝给我送来的“礼物”是完整的，有10个手指头和10个脚指头。现在我不这么想，我希望这个“小东西”足够聪明，是一个“会学习”的小人儿。

好在淇淇总是不负众望，她善于模仿，善于观察，善于学习，她的发展速度十分惊人，甚至超过我们的预期。

曾经有人做过一个有趣的观察实验，最后得到一个结论：对孩子的教育投资是天下唯一稳赚不赔的买卖。他们甚至作出统计，你在一个孩子身上投入1美元，他成年后，你将收获7.6美元。

天知道他们是怎么统计这笔暴利买卖的，但是，不可否认，早期教育对孩子的影响不但是巨大的，而且是终生的。因此，我固执地认为，孩子就是妈妈毕生的事业，我宁可多花一些时间在孩子身上，而不是花在和朋友逛街上；我宁可把钱花在给孩子买书上，而不是花在酒吧的啤酒上。

我也愿意将脑筋花在如何陪伴孩子“玩”上，而不是挖空心思琢磨发财致富上。

每一回下班之前拒绝朋友的邀请，我都会这么想：我的女儿还很小，她需要我，她唯一的朋友是我，我必须和她在一起。这样想，能够让我战胜很多诱惑，也战胜自己。

回家的路上，我都会把今晚要玩的游戏在脑子里过一遍，今天也许该玩“两只小鸟”了，动物确实是人类最好的朋友，孩子爱，大人爱，我们都爱动物。

游戏34 东东和洋洋

周围的小动物中，最常见的就是麻雀了。以前楼里也有人养鸽子，那个时候，我们经常可以得到邻居赠送的鸽子蛋，禽流感以后，鸽子被小区的居委会赶尽杀绝了。虽然见不到鸽子了，但是还好有麻雀。

麻雀也是小鸟，不但小，而且可爱。

虽然都有翅膀，但是麻雀不像鸡一样能够左右脚交替走路，它只会跳，跳跳跳，跳来跳去让人眼花缭乱。

我向8个月的淇淇出示了两张小鸟的图片，是我自己画的，一只画成红色，一只画成蓝色。你也可以从网上下载小鸟的图片，然后剪下来。关键是要区分，这是两只不同的小鸟。

你还需要剪下一条3厘米左右长的的纸条，粘贴在小鸟身上，这样，你就得到了“小鸟指偶”。

然后，我向淇淇介绍了这两只鸟的名字：东东和洋洋，并且让它们分别向淇淇问了好，亲了亲淇淇。

两只小小鸟，（伸出双手的食指，其余手指握拳收起）
一只叫东东，（将右手食指举高，点手指两下）
一只叫洋洋，（将右手食指举高，点手指两下）
飞走了飞走了，东东。（右手慢慢向右上方移动）
飞走了飞走了，洋洋。（左手慢慢向左上方移动）
回来了回来了，东东。（右手从左上方慢慢移回胸前）
回来了回来了，洋洋。（左手从左上方慢慢移回胸前）

淇淇饶有趣味地看着我的表演，她想从我的手上把“小鸟指偶”摘下来，我很明白她的意思，我有提前为她准备了属于她的“小鸟”，这显然比我的“小鸟指偶”要小一号了，她戴着刚刚好。

这样，当我重复童谣的时候，淇淇能够和我一起表演了。(图34)

图34 东东洋洋和淇淇

仅仅是这样坐着的游戏，可能会觉得有一些闷，孩子比大人要更喜欢富有变化的东西，这就像你在游乐场玩“激流勇进”，你的船要经过地势平坦的地方，也要经过大起大落的地方，才会让你觉得刺激和意犹未尽。

小鸟一会儿飞得高，一会儿飞得低，
飞高飞高飞高，飞得非常高，（将宝宝举高）
飞低飞低飞低，飞得非常低。（抱着宝宝蹲下）

游戏35 踩呀踩

如果一整个礼拜都在玩小鸟的游戏，也不是不可以，但是，我希望淇淇对她的妈妈——我，充满期待，就像期待魔术师的下一个表演。对于8个月的淇淇来说，小鸟的游戏带给她的，不仅是手眼协调的能力，还有站立的本领。小鸟都会站，站好才能跳。

这一天，我要准备的东西特别多，脚丫卡片、白卡纸、红色水粉颜料、湿纸巾、纸巾、排刷——我不得不说，我确实需要一个大一点的整理箱，而且不止一个，因为每一次游戏，我都要准备很多道具。

如果说，人生如戏、戏如人生的话，道具的运用可以使你的戏更加出彩。

我倒是很愿意扮演一个出彩的妈妈。

（一）出示脚丫卡片，吸引宝宝注意力：“这是小鸟的脚丫，还有妈妈的脚丫。（将小鸟脚丫放在小鸟图片下面，妈妈脚丫放在妈妈照片下面）你的脚丫在哪里呢？”

（二）用托盘内的排刷，蘸上红色水粉颜料，涂在宝宝的脚丫上。

（三）扶着宝宝腋下使其站立，站在白色卡纸上，将宝宝脚印印在白色卡纸上，并逗引宝宝观察自己的脚印，每印一次就抚摸一下宝宝的脚面。

能够扶着宝宝腋下使其站起，真是一件了不起的事情，如果可以，我还希望她的腋下能够长出一对像样的翅膀。

淇淇非常喜欢这个游戏，这让她对自己的身体有了更深的了解，她的脚丫和小鸟的脚丫是如此不同，和妈妈的也不大一样，她体会到自己能够踩下脚印，落下痕迹，十分快乐。（图35）

图35 踩踩小脚印

她要求反复尝试，可是，有一点很重要，她只有8个月，游戏时间不能太长，要避免长时间站立，因此，我在游戏的过程中协助她蹲下或者抱起她休息，当我们不再游戏的时候，我用另一个玩具转移她的注意力，或者直接抱着她去洗澡。

要搞定一个小淘气，我还是有办法的。

● 延伸游戏

1. 翻山越岭

将宝宝放在地上或者床上，逗引宝宝爬行，在宝宝爬行路上，用枕头、杯子、沙发靠垫等物设置障碍，培养宝宝运动能力和解决问题的能力。

2. 从头到脚

和宝宝面对面坐着，播放歌曲或者自己朗诵均可，让宝宝熟悉自己的身体。

碰碰脑袋，碰碰脸，（和宝宝轻轻碰在一起）
碰，碰。
碰碰鼻子，碰碰嘴，
碰，碰。
碰碰身体，碰碰手，
碰，碰。
碰碰屁股，碰碰腿。

温馨提示：

1. 当宝宝刚刚戴上指偶时，可能会不习惯，会摘下来把玩，或者不做动作，只是看着你，你会觉得很失败。这并没有关系，首先，不要强迫宝宝和你一样，如果她要摘下来玩，就让她玩一会儿，对新鲜的事物产生好奇心是正常的；如果她不学你的动作，只是看着你，你就再卖力地表演一遍，同样也能达到效果。因为宝宝能够跟着你的动作，“眼随手动”，你就已经达到一半的目的了。

2. 游戏重点：注意观察宝宝是否眼随手动，移动指偶时动作应连贯缓慢。

3. 在游戏35结束时，要记得用湿纸巾和纸巾擦拭宝宝的脚丫。

1.14　不会走，先会跳

◆**游戏名称**

游戏36：袋鼠妈妈

游戏37：喂老虎

游戏38：轻功“水上飘”

游戏39：Up and Down

◆**游戏目的**

1. 锻炼宝宝腿部肌肉力量。
2. 发展宝宝空间方位知觉，提高其平衡能力。
3. 让宝宝练习站立。

◆**游戏时间**

每日2～3次，每次5～10分钟。

◆**游戏准备**

小靠垫，沙发，小沙袋，布袋玩具等。

我们常用“好高骛远”来形容一些还没有学会走就想跑的人。而婴儿们正是如此，他们甚至还没有学会走，就想跑和跳。

淇淇在6～7个月时，很喜欢由妈妈扶着跳跃，她喜欢站在我的腿上，像一只青蛙般不停地蹦。她的腿已能支持住身体的大部分重量，一种强烈的愿望促使她站立，你只需要稍微托住她的腋下，她便能自发地直立跳跃。

淇淇只在高兴的时候这么做，她要表达她兴奋激动的情绪，她不停地跳跃，有时还能发出咯咯的笑声，像一个上了发条的电动娃娃。

每当淇淇用脚踩踏物体时，力量就会进入脚跳、脚掌，进而刺激她的大脑，同时，跳跃时也可以培养她的平衡感。

为了帮助淇淇练习直立跳跃，锻炼她下肢的肌肉力量，为以后独自站立、行走做准备，我设计了几个有趣的小游戏。

游戏36 袋鼠妈妈

袋鼠生下来就会跳跃，在它们还很小的时候，袋鼠妈妈就带着它们感受跳跃带来的空间位置变化，感受速度的刺激，还有一起一落的重量变化。小袋鼠每天都在体验这种跳跃，重复的体验丰富了它们的经验，但是如果你把一个小Baby塞进袋鼠妈妈的口袋，还没蹦两步，Baby就晕了。

由此可见，环境是多么重要。

（一）妈妈抱着宝宝，一边演唱歌曲《袋鼠妈妈》，一边做动作，带领宝宝体验跳跃和空间位移。

（二）妈妈坐下，将两手放在宝宝的腋下，让宝宝站直在大人的双腿上，双手轻轻向上提起宝宝，使宝宝在大人腿上一蹿一蹿地跳跃。(图36)

图36 跳跃的小袋鼠

（三）一边有节奏地念诵童谣，一边用手暗示宝宝进行跳跃，让宝宝感受跳跃与节奏的关系。

改编《袋鼠妈妈》：

XX XX | XX XX | XX XX | XX XX |

袋鼠妈妈，有个袋袋，袋袋里面 装着乖乖，

妈妈跳跳，乖乖跳跳，妈妈和乖乖一起跳跳。

淇淇的年龄还太小，她自己是不会控制跳跃的时间和次数的，为了避免她太过疲劳，我将以上三个步骤串联在一起，抱着淇淇唱唱歌，跳一跳，再坐下让她站在我的腿上跳一跳。

游戏37 喂老虎

扶着宝宝在自己腿上乱跳，是没有什么技术含量的游戏。跳跃除了能够带来高、低空间位置的变化之外，还能体验远、近的方位变化。你不能总是向上跳，一只兔子如果总是向上而不能向前跳跃，它永远都跑不过大灰狼。

我们要练习向上并向前跳跃。

（一）在房间的一面墙壁上挂一幅图，或者放一个卡通布袋（我自制了一个老虎布袋）。

（二）在地面上摆放3～5个小靠枕。

（三）递给宝宝一个小沙袋。

（四）妈妈示范，如何跳向下一个靠枕，最后到达卡通布袋，将小沙袋投进布袋里（也可以假装喂卡通动物图吃东西）。

（五）妈妈扶着宝宝腋下，向上提起宝宝，协助婴儿在小靠枕上跳跃，每跳到下一个靠枕时，应在靠枕上站立一小会儿。(图37)

图37 跳跃前进

（六）最后跳到墙壁前时，妈妈应抱起宝宝，亲亲宝宝表示赞扬。

向上并同时向前的跳跃活动，完全改变了淇淇的视野，带给她更新的体验。在2～3遍游戏之后，我改变了喂食老虎的线路，小靠枕不再是摆成“一字形”，而是错落摆放，左一个，右一个。线路的改变，为这个跳跃游戏带来了新意。

创新，总是来自于思考，思考诞生了变革。

同样的游戏，带给婴儿们不同的体验，婴儿们看着，模仿着，体验着，这些细微的变化，也将刺激他们大脑的神经，他们终究将“近朱者赤”，学会从不同的角度审视问题，花样翻新就是创新。

游戏38 轻功“水上飘”

单纯的双脚踩踏，还不能体现跳跃的技术性。跳跃能够带给我们的快乐远不止如此。当你离开地面的时候，那种摆脱地心引力瞬间的喜悦，如鸟儿飞跃的激情，可能并不是大人能够体会到的。

只有婴儿才能体会到。当你托着他们的腋下，提起，落下，脚轻点地又腾空而起——这，就是传说中的轻功“水上飘”。

（一）双手托住宝宝腋下，重复提起及放下的动作，幅度不要太大，应从低到高，动作轻缓稳定。

（二）一边托举宝宝，一边发出“声响”，让宝宝同步体验“起”和“落”的不同重量变化。

咿比咿比呀呀，咿比咿比呀，（托住婴儿腋下在床头轻跳）

咿——呀——（提起婴儿向前“飞”一步）

咿比咿比呀呀，咿比咿比呀，（原地轻跳）

咿——呀——（再往前“飞”一步）

重复动作，直到“飞”到床尾处。

在这一个月之中，我们一直在跳跃，在飞翔，从沙发的这一头，跳到沙发的那一头，或者让爸爸躺着，从爸爸的脚，跳到爸爸的背部，我们甚至跳餐桌，从一端到另一端。（图38）

图38 飞翔的宝宝

我有的时候会抱着淇淇，静静地蹲在地上。小区里常有麻雀从树上飞下来，我们就看着麻雀跳呀跳，很有意思。如果麻雀们都学会两只脚爪交替走路的话，它们是更愿意跳还是愿意走呢？

游戏39 Up and Down

但凡武功，一招一式皆变幻无穷，出其不意才精彩。除了富有节奏感的跳跃之外，抛接婴儿也是培养平衡感的一种方法，有助于婴儿前庭感觉的统合，为直立行走和跑跳等动作发展铺垫道路。

怀抱宝宝，站立。一边念诵口诀，一边配合节奏做出相应的动作：

up,up,up,（将宝宝举高）（图39）

down,down,down，（抱着宝宝蹲下）

hu——咻咻！（轻轻抛起宝宝）

down,down,down。（抱着宝宝再次蹲下）

图39 up，up，up

游戏可以反复3～5遍，如果宝宝胆子较小，对于上、下空间位置的大幅度变化不适应，因失重而感到恐惧，则应减小动作幅度或停止游戏。

婴儿们在生长的每一个时期，都会出现一些动作的“敏感期”，在这个“敏感期”内，他们乐此不疲地反复练习自己刚学会的动作技巧，等“敏感期”消失后，他就懒得再这么做了。这就像所有的婴儿们，不会走路的时候还特别爱走，拦也拦不住，真的会走的时候，却又要你抱，这就是“敏感期”过去以后的一个正常的生理反应。

所以，在婴儿们喜欢跳的时候，让他们尽情地跳吧！

延伸游戏

1. 蹦蹦床

有条件的话，可以买一小张小蹦床，或者是带宝宝去有蹦床的游乐场，双手扶住宝宝的腋下，在蹦床上练习跳跃，由于弹簧的伸缩，落下时的重量会改变弹起的方向，要尽量保护宝宝的脚踝不要受伤上，落下时要轻一些，只要给宝宝一个弹跳的感受即可。

2. 跳楼梯

选择矮一些的凳子或者是阶梯，扶在宝宝腋下，让宝宝反复体验：跳上去，跳下来。

小宝宝，跳楼梯，
跳上去，跳下来。
跳到上面看一看，
看看妈妈在哪里，
跳到下面歇一歇，
休息一下再上去。

3. 坐电梯

托着宝宝腋下，让宝宝站在你的双脚脚面上，一边念诵儿歌，一边做出相应的动作。

宝宝坐电梯，
上上上上上，（将宝宝慢慢托高，离开你的脚面）
下下下下下，（缓缓将宝宝竖直放下，让她的双脚踩在你的脚面上）
一上，一下，电梯真好玩！（再抱着宝宝上下各一次）

温馨提示：

1. 如果不会唱《袋鼠妈妈》的歌曲，也可以下载MP3播放。

2. 可以让宝宝体验踩踏在不同物体上的感觉，例如，在爸爸的背上跳，在硬地板上跳，在软沙发上跳等。也可以在宝宝双脚的脚踝上系上小铃铛，跳跃时铃铛发出声音，激发宝宝主动进行跳跃，让宝宝保持学习跳跃的兴趣。

3. 小沙袋的做法：将米或者绿豆等包在碎布里，用针线缝起来，缝成一个婴儿们用手可以握住的小沙袋。

1.15　我是谁？你又是谁？

◆**游戏名称**

游戏40：名字歌

游戏41：照镜子

游戏42：我说你做

◆**游戏目的**

1. 叫宝宝名字时宝宝会转头。
2. 能够执行成人配以简单手势的提示。

◆**游戏时间**

每日3节练习，每节一个活动或提示，重复5次。

◆**游戏准备**

小椅子。

有很多优柔寡断的爸爸妈妈，他们给宝宝起名字，从怀孕的时候开始想，想到宝宝周岁，都没能做出决定。我的妹妹就是这样，她的女儿出生4个月都没有名字，一直叫“宝宝”，派出所管户籍的民警大姐一怒之下在她姓名那一栏填了“王女”（爸爸姓王），尘埃落定，算是上了户口——这位大姐真是有才华。

名字对于整个社会来说，只是人的代号罢了，但是对于“人”本身来说，是很有特别意义的。

小淇淇4个月开始，已经有了初步的自我意识，她对自己的名字很熟悉，从她出生开始，我们每天都像念经一样一遍一遍诵读她的名字，我们希望她能知道自己是谁，并且知道自己在干什么。

只有这样，我们才能开始真正意义上的沟通。

游戏40　名字歌

如果你不专门对孩子形容一下她的模样，让这个模样和她的名字对上号，她会以为你根本不是在叫她的名字，而是路人甲或者路人乙。

X X | X X X | X X X X | X X X ||

Ba ba baba ba baba baba baba ba

我们注意到，4个月的淇淇对“语意”并不在意，她更加重视“声响”，她认为“声音”是重要的，于是我们花更多的时间有意将声音用不同的节奏表现出来，以此吸引她的注意力。

我们发出无意义的音节“ba ba”或者“ma ma”、“ya ya”等，期待她的回应，看得出来，她手舞足蹈，很想发出和我们一样的声音。我们一边念诵这样没有意义的音节，一边跟随节奏用手指在她身上“弹奏”，让她能够同步感受我们的律动。

这一招很有效，她注意到了节奏的变化。

X X | X X X | X X X X | X X X ||

淇淇 亲亲 你 淇淇 淇淇 亲亲 你

我们在节奏中代入她的名字，她感觉十分熟悉，当念到“淇淇”时，我们注视她的眼睛，试图和她进行交流；当念到“亲亲你”时，我将头轻轻埋在她的胸前蹭一蹭。(图40)

图40 宝贝亲一亲

她喜欢这样的游戏。

事实上，声音对于孩子来说，是作为“音乐”出现的，他们通过节拍、速度、音调、风格和语气的强弱等来辨别大人要传达的意思，同时建立自己的听觉词汇。如果想传授给婴儿语言，那么，在生命的最初，婴儿们必须获得个别的、创造性的发音能力和技巧。大人们应当意识到这一点，以便于帮助孩子建立“听”的词汇库和“说”的词汇库，让孩子尽快进入，然后结束咿呀学语的时期。

游戏41 照镜子

小淇淇越来越了解我们对他表达的内容，可是这样还不够，她必须学习分清“我”到底指的是什么，她要更多的去了解自己，观察别人。在她6个月的时候，她开始喜欢照镜子，看到镜子里面的自己，她觉得非常有意思，拍打着镜子里面的自己。

我并不知道，她是否能够意识到镜子里的正是自己，而不是别人。但是，很明显，她在观察，因为镜子里的妈妈和抱着她的是同一个人。(图41)

图41 镜子里的小人儿

淇淇，这是你。（手指镜子中的宝宝）

妈妈，这是我。（手指自己的鼻子）

妈妈，亲淇淇，（亲吻宝宝面颊）

妈妈，摸淇淇，（用手摸一摸宝宝头发）

妈妈，爱淇淇。（抱着宝宝左右摇一摇，让她感觉轻微的空间变化）

抱着宝宝站在浴室的大镜子面前，或者更衣镜的面前，宝宝更加容易注意到自己。等宝宝再大一些，7个月的时候，她能够主动对着镜子里的自己作出反应，这个时候，我买了大小不一的5面镜子，都放在她的面前，指引她照镜子，并且让她注意到镜子里自己的五官。

淇淇的鼻子在哪里？

鼻子在这里！（用手轻轻点一点她的鼻子）

淇淇的嘴巴在哪里？

嘴巴在这里！（用手轻轻碰一碰她的小嘴）

刚开始的时候，指认的五官不能多，多了就得乱。在五官之中，从平面突起的“鼻子”是最容易引起宝宝注意的，所以，我们首先认识鼻子。而“嘴巴”呢，因为接下来我们将要训练宝宝能够准确地将食物送进自己的“嘴”，这个是一件非常非常重要的事情，因此，我们大张旗鼓地认识了“嘴巴”。

你不要指望孩子能够对着镜子指出自己的五官，她也许能指出你的，但是不会指出自己的。

你要慢慢地训练她，训练她不但能够感知到“自己”的存在，知道自己是“谁”，而且能够领会大人要表达的意思。

游戏42 我说你做

7 个月的淇淇已经21斤了，她生长得很快，充满活力，她意识到自己和周围人的关系。她知道白天要找妈妈玩，晚上要找外婆睡，她什么都知道。

于是，我们进一步训练她的各种反应，和她建立更广泛的沟通。

“亲亲妈妈”（同时用手指自己的面颊）(图42)

“来这里”（同时用手、手掌或手臂作出手势，指引宝宝爬过来）

“拍手”（同时将你的手掌合拢做出拍掌的准备）

“伸手”（同时把你的双手伸向宝宝）

“坐下”（同时拍着坐椅的座位）

图42 宝贝亲妈妈

在给予淇淇这些指示时，我们都用手势来配合帮助她明白我们的意思，有的时候，她会茫然地看着你，没有任何回应，那么，你就应该进行示范，或者用手辅助她完成这样的活动。这是一个需要极大耐心的训练，你会像进入电影慢放镜头的阶段，一字一句说话，然后停顿，等待她的反应，协助她完成。

有的时候，你对她的茫然不会意而感到抓狂，你拼命摇头，喊“天啊，你怎么就是不会”，这下可好，她对你抓狂的表情感到新鲜，并能融会贯通地模仿你使劲摇头。

你彻底被她打败，“学好三年，学坏三天”，真是一点不假。

所以，做妈妈的，总是要随时保持镇定，时刻流露出爱心、耐心和谦虚。

孩子在成长的时候，你也在成长。有幸成为孩子的第一任老师，如履薄冰，不要太大意。

● 延伸游戏

1. 我在叫你

当宝宝单独坐在床上或者在地上玩耍时，当宝宝能够借助倚靠物坐立时，可以每隔一些时间，喊宝宝的名字。当宝宝能够听到自己的名字回头，或者注视声音传来的方向时，便立即赞赏宝宝。

2. 识五官

买一个大的布娃娃，有明显的眼睛、鼻子、嘴巴、耳朵的那种，教宝宝认识五官，并能够指出布娃娃的五官。每次只要认识1～2种即可，不断重复，直到宝宝能够正确指认，再认识新的五官。

温馨提示：

1. 当宝宝慢慢能够明白你的意思，并且依照指示完成游戏的整个活动后，便应立即奖赏他。当宝宝熟悉这些活动后，应减少体能的辅助。

2. 当宝宝能够自发地做出你曾经指示她做过的活动，便应立刻说出与她做的活动或者行为有关的口头指示，以帮助她更加明白这个行为与语言之间的联系，例如，当她向你伸出双手，要你抱她时，你应该对她说：“对，向妈妈伸出手。”

3. 在游戏3的训练中，宝宝要能够执行4个不同的指示，我们才能确定她具备理解简单提示的能力，才能够停止在家中的练习。

Chapter 2

第2部分

1～2岁的宝宝这样玩

2.1 小精灵的厨房

◆游戏名称

游戏43：面粉侠

游戏44：擀面杖

◆游戏目的

1. 锻炼孩子手部动作的灵巧性，提高其小肌肉群的控制能力。
2. 增强小肌肉的力量。
3. 培养孩子与亲人之间的信任。

◆游戏时间

每日做3次活动，每次至少5～10分钟。

◆游戏准备

面粉，擀面杖，音乐等。

所有的人都喜欢厨房，有的人喜欢吃，有的人喜欢做。厨房是一家人聚会和相处的重要场所。

中国人的厨房不大，喜欢将“做”和“吃”分开，分了一个单独的餐厅出来，让家人和朋友更加专注于品尝美味。

孩子喜欢厨房里的各种“兵器”：挂在墙上的勺子、铲子、打蛋器；台面上的筷子、勺子、刀叉——这些还不算什么，最让孩子感到新奇的是，厨房是一个化“简单”为神奇的地方，3个鸡蛋和1个番茄，可以变成香喷喷的番茄炒鸡蛋。

淇淇会爬以后，就特别喜欢往厨房蹿，然后扶着整体橱柜颤巍巍站起来，如果可以的话，她希望自己能够变成“厨房超人”。

显然，厨房里有很多东西都不适合孩子玩，但并不意味着你要关上厨房的门，贴上“禁区”的标志。你应当适当地开放，让婴儿们去探索，让他保持对周围世界的好奇心，例如，开放一下“面粉”。

游戏43 面粉侠

适量的面粉加入适量的水，就能变成可揉可捏的面团。捏面团是一件特别过瘾的事情。

高兴的时候，你可以捏面团；生气的时候，也可以捏面团。我和淇淇爸爸吵架以后，心情特别不好，我就去厨房揉面团，揉啊揉，揉啊揉，你的力气用完了，气也消了。(图43)

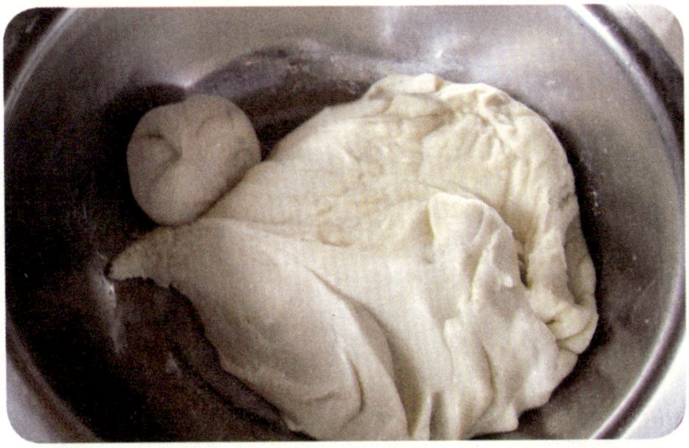

图43 面粉侠

教孩子揉面团，方法很重要。

（一）捏一捏：先揉好一个小面团，示范用手指使劲按下去，引导孩子注意到被手指按压的痕迹，再将另一个小面团交到8～12个月孩子的手上，让孩子自己按捏面团。

（二）压一压：将面团揉成一个一个丸子，并拢手掌，示范如何全掌按压，将圆圆的小丸子压得扁扁的，然后鼓励孩子自己体验。如果孩子没有这样的力气，可以轻轻按在孩子小手上，“借”一点儿力气给孩子，让她体验到成功的快乐。

揉，揉，揉面团，
让我揉一个大面团。
揉成球，拍一拍，
让我再来压一压，
做成一块大饼干，
请我的宝宝尝一尝。
嗯，好香！

（三）撒一撒：你可以揉无数的小丸子，摆在桌面上或者“竹匾”里，再用一个小碗盛一些面粉，示范抓起面粉，均匀地撒在小丸子上。淇淇很喜欢这个“撒”的动作，她抓起面粉，将手伸向远处，足够远。当孩子在撒面粉的时候，你要时刻盯着孩子，关注她的每一个动作，避免她将面粉往上挥洒，弄得满头满脸，甚至跑到眼睛里去。

揉，揉，揉面团，
让我揉一个大面团，
撒点粉，捏一捏，
让我再来揉一揉，
揉好的面团送给谁？
送给我亲爱的宝宝。

（四）滚一滚：也是将面团揉成小丸子，示范将手指插进面团，然后放在脸上、手臂上、腿上滚动，感受面团柔软、滑溜的性质，通过皮肤觉的刺激，提升宝宝做游戏的兴趣。

小面团，真调皮，
一会儿跑到东，一会儿跑到西，
滚上你的脸，滚上你的肩，
滚到你的手臂上，转了一个圈。

（五）撕一撕：将面团揉成小丸子，尽量保持面团的柔软，然后向孩子示范，双手捏住面团，将面团撕开，最后，给孩子许多小丸子，鼓励并协助孩子完成撕面团的动作。

游戏44 擀面杖

如果仅仅是当一个揉面团的人，是不够的。我们身处的社会时常让我们换位思考，体验一下对方的感受。面团被我们肆意揉捏，看上去挺惨的，事实也是如此吗？

最高明的厨师，总是善待他的食材，他轻声细语和食材们说话，烹炒的时候十分深情，他认为这些食材是有生命的，是厨房里的精灵，他知道如何对待食材，才能让它们呈现最好的姿态，烹调出美味。所以，我相信，美味的食物，在被烹煮的过程里是快乐的。

（一）在地上画出一条回转线（是垫有软垫的地板），在床上也可以，那就不用画回转线了。

（二）出示一个布娃娃或者毛绒玩具，将其平放在回转线的一端（起点），让布娃娃扮演“擀面杖”，而妈妈则跪或者蹲在布娃娃身边，模仿“擀面”的动作。

（三）配合童谣或者欢快的音乐，妈妈以“擀面”的方式滚动躺在地上的布娃娃，在回转线内移动一圈。

（四）请宝宝当“擀面杖”，妈妈轻轻滚动宝宝的身体，在回转线内移动，体验游戏的快乐。

擀面皮，擀面皮，
我们一起擀面皮，
擀过来，擀过去，
擀来擀去真有趣。
擀好面皮包饺子，（将宝宝从地上扶起，在宝宝手心画圈）
包好饺子请你吃！（胳肢宝宝）

第一次和淇淇玩这个游戏的时候，她有一些害怕，不愿意躺下。婴儿们是聪明的，对于未知的事物，他们懂得先观察，再下手，对此，我感到高兴。我并不强迫淇淇，而是示范完“布娃娃擀面杖”之后，结束游戏，抱起淇淇，念着童谣，踮脚在回转线里来回走动。等第二天，再从头开始玩一遍。

反复的示范让淇淇觉得这并不可怕，甚至有些好玩。当她躺在地上当擀面杖的时候，十分开心，甚至不等我动手，她就自己滚过去了。(图44)

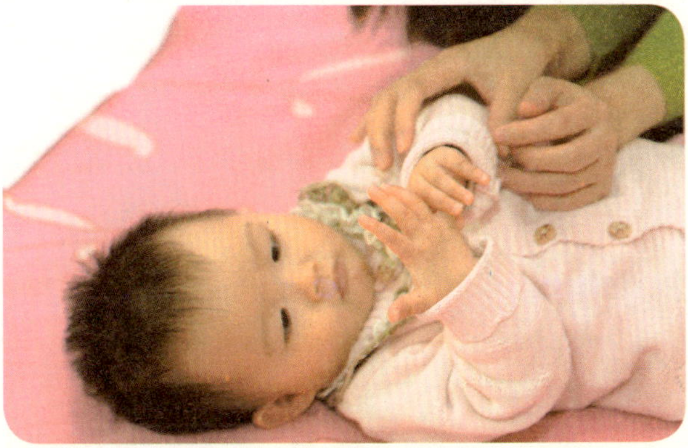

图44 我是擀面杖

也有一些适应能力更强的孩子，你示范一遍，他就急不可待地要尝试了，那真是省心。

● 延伸游戏

1. 榨汁机

在榨水果汁的时候，让孩子在身边观察你的动作，了解榨汁的过程。然后请孩子当榨汁人，妈妈当榨汁机，当孩子伸出手按一下你的鼻子，你就全身抖动，然后转圈。也可以和爸爸一起玩，妈妈抱着孩子一起当榨汁机，共同感受亲子游戏的快乐。

2. 切菜板

让孩子平躺或者俯卧在床上，播放一段音乐，妈妈跟随音乐的节奏，并拢手掌，模仿切菜的动作，在孩子身上“切切切”，这不但能够让孩子感到快乐，而且能够提高孩子对音乐节奏的感受力。

温馨提示：

1. 在和孩子玩游戏一之前，先为孩子围上围兜，以免弄脏衣服。游戏后立即清理，洗手，避免面粉等误入孩子眼睛，造成伤害。

2. 回转线的作用：帮助婴儿在视觉上形成一种“控制”，估算自己游戏的范围，使婴儿具有一定的安全感，知道自己不会被转甩出去，是安全而快乐的游戏。在床上则不需要画回转线，因为床沿四周就是回转线。

3. 如果宝宝抗拒游戏，则应立即停止，不要强迫婴儿配合你完成游戏，避免造成宝宝的恐惧和对你的不信任。

4. 在游戏二中，滚动婴儿时，要注意动作轻缓，如果婴儿不能自主滚动翻身，可以给予体能上的协助，稍大一些的婴儿，能够自己翻身连续翻滚时，则尽量减少帮助，仅仅用手对其身体起到示意翻滚方向的作用。在整个过程中，应注意安全，尤其要保护婴儿的头颈。

2.2 逛超市可以学到的东西

◆游戏名称

游戏45：套圈游戏

游戏46：挂树枝

游戏47：逛超市

◆游戏目的

1. 使宝宝形成对形状的概念。
2. 学习放置物品的技巧。
3. 提高宝宝手眼协调能力。

◆游戏时间

在家里、户外或者超市的任何时间，每日做3节游戏，每节游戏可反复玩5次。

◆游戏准备

套圈，各种颜色的细绸带，牙刷架，牙刷，毛巾架，毛巾等。

可能几乎每一个妈妈都和我一样，在怀孕的时候都没有想过要生一个伟人出来，只虔诚地期待这个孩子有聪明的头脑、健康的身体和快乐的人格。每一次在做B超的时候，医生告诉我："宝宝的脚很长"，"宝宝的肾很漂亮"等等，我都欢喜得很。

淇淇出生的时候，我问医生："她的手脚都在吗？"医生说："是的，都在。"

四肢健全，真是一大乐事。

因为你光有一个聪明的头脑并不够，你还需要有行动力，你要依靠手脚完成许多事情。

淇淇一岁两个月以后，能够自如地走来走去，她抓放一切她能够够得着的东西，周围的环境变得比以前要"乱"得多，她所到之处就如同侵略者横扫战场。淇淇的外婆不得不把一切有危害性的东西全部收起来，饮水机收起来不用、水杯换成塑料的、衣架挂在高处、牙签也要藏起来。

一米以下光秃秃的环境让淇淇感到非常不舒服。

于是，她开始喜欢逛超市，每天都要陪你去超市，超市简直就是她的游乐场。

其实，把孩子周围的环境变成“绝对安全”的环境，并不是最好的办法，最好的办法是教给孩子适应环境和处理问题的能力。

淇淇首先要学习“放置物品”，这是环境“解禁”的第一步。

游戏45 套圈游戏

什么东西该放到什么地方去，是有规则的。

这个世界就是有规则的。

你要办到这一点，就必须手眼能够协调。

我们先练习“套圈”。

在玩具中，你能够找到许多大小不同的“圈圈”，福禄贝尔教具当中就有类似的东西。我将3个不同大小的“圈圈”摆在淇淇的面前，从最大的一个“圈圈”开始，示范如何将圈圈套到筷子上，然后再取出来，鼓励淇淇模仿我的方法，将圈圈套在筷子上。

这个游戏看起来十分容易，唯一不同的是：当淇淇套圈的时候，她发现将大的圈圈和小圈圈套进筷子，速度是不一样的，因为对焦不同，小的肯定更需要集中注意力。

小熊套圈圈，套了三个圈。
大的套得快，小的套得慢。
小手别发抖，小眼别走神，
一个一个套，套好三个圈！

除了套筷子之外，我还让淇淇套其他的东西。我像一个摆杂耍的艺人，在地上摆放了可乐罐、益智奶的空瓶子、小纸杯、积木、玩具车等东西，然后递给淇淇大小不同的圈圈，记住，是逐一递给她，而不是一次性把几个圈都给她。(图45)

当淇淇拿到圈圈的时候，她要判断，这个圈圈的大小可以套上哪一样物品呢？然后她走过去尝试。

在这个过程中，我并不说话，只是笑着看着她。如果她判断错了，我就摇摇头，安静等待她进行第二次或者第三次的尝试，因为一岁多的淇淇目测的能力可能并不好，但是她并不因此而泄气，最笨的办法就是用“排除法”。

图45 小圈圈变戏法

我不介意她用“排除法”，至少她能够记住被自己套过的物品有哪些，她不会在失败的地方再试一次。

如果淇淇判断正确，我则微笑着鼓励她：“对了！你真棒！”但是我并没有因此大呼小叫：“哇！宝宝真厉害！你怎么这么聪明呢？”太夸张的表扬对孩子来说并不适合，所有的孩子都喜欢戴高帽，就如同他们只喜欢成功一样，夸张的表扬会让孩子们慢慢地失去对失败的承受力。

最后，当淇淇能够学会调整对焦，调整动作速度的时候，我决定带她去“挂树枝”。

游戏46 挂树枝

我事先准备了一篮子的“装饰品”，在大小不一的小圈圈上系上颜色不同的细绸带，这样挂上树枝的时候会显得好看一点，当然，你也可以在圈圈上系上小铃铛，那就更带劲儿了。

“我们给小树弄个漂亮的发型好吗？”

小树换发型，宝宝把手挥。
绿叶挂红绳，风吹枝条飞。
挂满一树枝，看着真叫美。

我和淇淇折腾了很久很久，把一篮子圈圈都挂完了以后，我们都觉得饿了，

这不但是一件需要智力的活儿，也是一件体力活儿。（图46）

图46 游戏也是体力活儿

挂完以后，你必须高高兴兴带着孩子在小区转一圈，通知蚂蚁、老鼠、小鸟、蚯蚓、小狗……所有的朋友，“这里有一棵美丽的小树”。然后，你要回到这棵树下，再踩上小凳子把圈圈们从树枝上取下来！

发型很好看，可是太重了，
小树哇哇哭，枝条弄疼了。
取下小圈圈，枝条随风飞。

在这一挂一取之间，淇淇的手眼协调能力得到了很大的提高，她对放置技巧也十分娴熟。

游戏47 逛超市

作为一位热爱生活、热爱孩子的妈妈，经常会在超市出没，就像我这样。孩子爸爸并不经常这样做，即便是带孩子去超市，孩子爸爸也不会如同我一样，带领和鼓励孩子在超市做出一些“不是正常人”干的事儿。

我们注意到，超市的物品堆放被公认为是最有序的，而且，超市放置物品的工具很多，这是我们在家里办不到的。（图47）

图47 宝宝爱超市

例如，超市里卖袜子、卖牙刷。

营业员将袜子或者牙刷挂在一条撑出来的细铝架上，牙刷和袜子外包装上的眼很小，大小刚好穿过铝架。

我让淇淇将一整排的牙刷都取下来，放在购物篮里：“妈妈想买许多大人用的牙刷。”

等她取下来以后，我要求她在临近的牙刷架上再次逐一取下儿童牙刷若干。

很显然，淇淇觉得很有趣，但是也很困惑：“买那么多牙刷干什么？”

是的，太多了，我们要一个一个放回去。

唉，可怜的淇淇，需要分别两种不同的牙刷，并将它们一把一把套回它们自己的牙刷架上去，免得妈妈被营业员批评。

挂牙刷，挂牙刷，
买了一大堆牙刷，
爸爸刷，刷不完，
妈妈刷，刷不完，
宝宝刷，刷不完。
牙刷全部挂回去，
挂到牙刷架上去！

为了让淇淇不对这样简单重复的训练感到无趣，我编唱了各种关于超市物品的歌谣，让她打发来回放置物品的时间。配上童谣以后，只要你念童谣时能够注意控制朗诵的节奏，孩子会根据这个节奏配上动作，完成放置物品的练习。

如果你在超市看到一个妈妈带着孩子蹲在地上插牙刷架、插袜子、插洗碗手套——你千万不要诧异，她正带着她的孩子练习物品放置的技巧，超市营业员来的时候，妈妈一定要满脸堆笑，期待他们的理解。

当一个妈妈，容易吗我？

● 延伸游戏

1. 物品归类

在家里给宝宝提供更多的机会，让宝宝观察每一种物品的放置位置和方法，例如，鞋柜中鞋子的收纳顺序、碗柜中碗筷和盘子的叠放位置、悬挂毛巾的方法等等，让宝宝协助大人完成一些物品的收纳。这样做，不但训练了宝宝放置物品的技巧，还培养了孩子的秩序感。

2. 形状筒

购买一些可以用来辨别形状的玩具，例如“形状筒”，请宝宝取出三角形、圆形或者正方形等形状，再分别将它们塞进对应的形状孔内，提高宝宝对形状的辨别能力和放置的技巧。

温馨提示：

1. 在游戏1中，给宝宝用来练习套圈的“圈圈”，最小的一个圈直径至少是2厘米。

2. 当宝宝练习套圈或者放置物品时，物品悬挂的高度应与宝宝站立时的视线水平相同。

3. 在每一次的游戏或者练习中，尽量减少对宝宝进行语言上的干涉和帮助，应当容许宝宝自行更正错误。

4. 如果宝宝不自发地进行物品放置或者悬挂，大人可以抓着宝宝的手进行引导，如果宝宝执意反抗，或者缺乏自信，则应当耐心地进行示范：妈妈做给你看好吗？

2.3 你离我有多远

◆游戏名称

游戏48：一步一步离开你

游戏49：压住难过

◆游戏目的

1. 在社交沟通时能够运用手势。
2. 提高宝宝社会交往能力。

◆游戏时间

每日3次，当宝宝已熟练时，逐渐将分离时间由半分钟延长至10分钟。

◆游戏准备

宝宝熟悉的环境、喜欢的食物及玩具等。

每年9月，幼儿园新生入园的时候，早上8～9点，整个幼儿园都回荡着号哭声，此起彼伏，你方唱罢我登台。家长将孩子往老师手里一塞，含泪忍痛离开，孩子则伸手跺脚，哭得撕心裂肺天昏地暗。

挺惨的。

遇到适应能力强的孩子，哭个三两天，也就知天认命了；而有一些孩子则要哭上两个星期，实在觉得自己是没法改变这个事实了，也就随遇而安，收声！最要命的是，总有几个始终无法面对现实的孩子，从早上入园开始，哭一会儿歇一会儿，想起来又哭一会儿再歇一会儿，一直哭到离园。这就属于那种有严重“分离焦虑”的孩子，而“分离焦虑”并不是不能预防和消除的，关键就在，孩子1岁之后，你是怎么引导他“离开”你的。

淇淇1岁以后，我就开始有目的有步骤地实施我的“分离”计划了。可喜的是，我的这些“分离手段”获得了巨大的成功，淇淇两岁半上幼儿园时，一天也没有哭过，尽管头几天我看到她的泪水含在眼里，但是，她硬生生忍住了，就是没有哭出来。我离开后的5分钟，她就开始接触和融入了周围的环境。

游戏48 一步一步离开你

这可不是一个简单的游戏，而是一个部署严密的计划，你需要有极大的耐心，一天一天达到你的目标。这个过程很像预谋越狱的犯人挖地道啊什么的，要想成功越狱，你就要熬得住时间的煎熬，还要在表面上装得若无其事，不被察觉。

第一天：将孩子放在一个他熟悉的环境内，例如客厅的一角，给他一些他喜欢的或者新鲜的玩具，让他独立玩耍。而你，要停留在他的视线范围之内，但是不要同他说话或者玩耍。如果孩子叫你，你只需要鼓励他："你自己玩好吗？妈妈在这里。"

第二天：将孩子放在他熟悉的环境内玩玩具，注意观察孩子，当你确认孩子玩得比较投入的时候，用不经意的语气说："妈妈去一下洗手间就回来。"然后离开孩子，站到另一个房间或者孩子看不见的角落去。约半分钟左右，回到孩子视线内，并轻声说："我回来了。"

第三天：孩子玩玩具，告知孩子你要离开一会儿，并向孩子保证，你马上回来。先用比较短暂的分离时间，然后根据孩子的情况逐渐增加分离时间，从1分钟到10分钟。(图48)

图48 一个人的精彩

在这个训练中，最重要的一点，是你一定要看着时钟，做好时间的记录，并且一定要遵守你的承诺，回到孩子身边，这样会加强孩子接受你离开的信心。当你回来以后，也一定要对孩子说："我回来了。"，这样可以让孩子明白，你先前的承诺和现在"回来了"这个事实之间的联系，帮助孩子明白以及相信，你离开以后是会回来的。

当然，可能并不是每一个孩子都像淇淇这样，有一颗坚强的心，他们甚至一秒钟都不愿意离开妈妈，他们极度缺乏安全感，对没有妈妈的环境感到无比恐慌和焦虑，甚至会尖声喊叫。

遇到这样的情况，你可能就需要搁置或者顺延你的“分离A计划”，改用B计划。

游戏49 压住难过

孩子越小，越不能控制自己的情绪，但是，这并不意味着你不用教给他情绪控制的方法。我在淇淇1岁的时候，将一个非常重要的手势教给了淇淇——“忍住”。(图49)

如果你想见妈妈，
把手放在胸口上，
一直一直往下压，
想想许多小动物，
蚂蚁兔子和小狗，
他们也想见妈妈。
只要忍住一小会，
妈妈很快就来了。

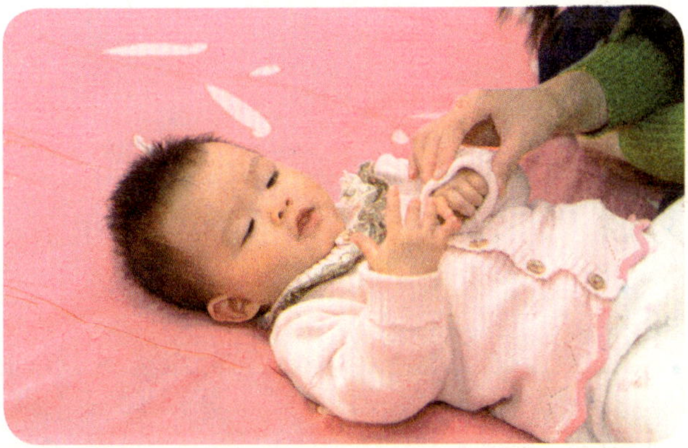

图49 我忍！

这一招是非常有用的，每当淇淇想妈妈抱她的时候，我就让她把手放在胸口忍住一小会儿，然后才抱她；当淇淇摔倒想哭的时候，我让她把手放在胸口忍住一小会儿，忍不住了再哭；当淇淇很想吃某一样我不让她吃的食物时，我让她把手放在胸口忍住一小会儿，一定要忍过去。

现实是很残酷的，不是所有我们想得到的东西，立刻都能得到；也不是所有我们不愿意发生的事情，一定不会发生。如果妈妈离开了，孩子可以将手放在胸口，把难过压下去，把眼泪压下去，等待妈妈回来。

这个手势很有效果，我每一次这样要求淇淇的时候，我问她："压下去了吗？"她都会告诉我："压下去了。"

● 延伸游戏

1. 指出你要的

给孩子一些玩具，但是摆放在离他稍微远一些的地方，问孩子想要那一个。当孩子发出声音表示有兴趣时，再用手指向玩具，说："宝宝要这个。"反复数次，然后逐渐要求孩子自己用手指出他要的东西，然后才给他。这个训练是帮助孩子学习在社会交往时使用手势，而不是用哭叫来引起大人的注意。

2. 你来当妈妈

给孩子一个他喜欢的毛绒玩具，随身携带。当孩子吃饭、睡觉或者出门散步时，让孩子将毛绒玩具单独留在家里，并且向"它"保证马上回来，回来时要记得抱抱毛绒玩具，并借此教导孩子：毛绒玩具并没有哭，也没有吵闹和害怕，你也可以做到。

妈妈离开一会儿，（一边朗诵童谣，一边移动脚步离开孩子）
宝宝不吵不哭闹。（藏在房间的角落或门口）
心里数数数到5，
1，2，3，4，5，
喵——叽——（突然从门口进来，假装吓孩子一跳）
妈妈出现在眼前。（抱住孩子）

宝宝没有哭，宝宝没有闹，（抱住孩子并肯定孩子的表现）
孩子心里不害怕，
安安静静等妈妈，
孩子真勇敢，妈妈爱孩子。

温馨提示：

1. 分离焦虑：是指婴幼儿因与亲人分离而引起的焦虑、不安或不愉快的情绪反应，又称离别焦虑。

2. 在离开孩子，让孩子单独玩耍时，要保证孩子所玩的玩具一定要安全，玩具的直径都超过至少3厘米。

3. 在训练孩子运用食指来指向自己想要的东西，但孩子不能完成时，可以鼓励孩子将食指伸进一些安全的小孔中，例如小瓶子等，借此帮助孩子控制手部的动作。

2.4 穿衣戴帽有一套

◆游戏名称

游戏50：帽子爸爸与帽子妈妈

游戏51：袜子大战

◆游戏目的

1. 提高孩子生活自理能力。
2. 训练孩子戴帽的技巧。
3. 学习如何脱袜。

◆游戏时间

每日3次，每次练习5遍。平时还应抓住一些日常机会，加强练习。

◆游戏准备

帽子，袜子。

从前有一个故事，说一个饭来张口衣来伸手的孩子，妈妈要出远门，给他烙了一块大饼，他把前面的饼都吃完了以后，懒得将饼转个个儿，活活把自己饿死了。

懒人多半是不爱动手的，爱动手的人，通常都不懒。

淇淇很爱动手，孩子生来都是爱动的，他像花园里的花匠，东摸摸，西摸摸，除非他睡觉，否则是闲不下来的。

这么一个爱动手的小孩，你怎么能不教他一些自我服务技能呢？我的一个朋友，特别宠溺孩子，孩子上小学了，还帮孩子洗澡，如果你让他自己放水，他甚至不知道热水器的龙头应该怎么开；你让他自己穿脱套头的衣服，那简直是要了他的命，他会因为脱不下衣服而气急败坏。

一个自理能力差的孩子，长大以后就会变成一个自理能力差的大人，那么，他结婚的时候，需要找的不是妻子，是第二个妈妈。

游戏50 帽子爸爸与帽子妈妈

12个月的淇淇能够将顶在自己头上的东西取下来，包括帽子。她出门的时候，特别喜欢扯下帽子，倒不是因为她不喜欢戴帽子，而是她对这个“脱帽”的动作感到有趣。因此，她把“脱帽”当成一个游戏，你帮她戴上，她就扯下来，再戴，她再扯。

既然脱下帽子不太需要技巧，那么，教她如何戴上帽子，就要讲些方法了。

（一）念诵童谣，激发兴趣

帽子爸爸，想出门，（出示大人帽子）
摇摇摆摆看不见门。（手托帽子左右摇晃）
帽子戴头上，眼睛瞪得大，（将帽子戴在自己头上）
1，2，1，2走出门。（坐着，双臂摆动）

帽子妈妈，想出门，（出示小孩帽子）
摇摇摆摆看不见门。（手托帽子左右摇晃）
帽子戴头上，眼睛瞪得大，（将帽子戴在孩子头上）
1，2，1，2走出门。（坐着，引导孩子模仿双臂摆动）

儿歌还是能够起到一些作用的，至少淇淇开始乐意戴上帽子了，她发现戴帽子并不是约束，相反，还挺好玩的。

出门的时候，淇淇要求我要帮她戴上“妈妈帽”，我说：“你应该自己戴。”

（二）戴帽子

将帽子像装饰品一样摆在头上，是比较容易的。但是，你得检查一下，别一转头，帽子就掉了。

1. 和孩子面对面坐着。

2. 示范如何将帽子戴在头上，并拉好帽檐。（注意：尤其要注意露出眼睛，很多孩子戴帽子时用力往下拉，遮盖住眼睛让他们很恐慌）

3. 给孩子一顶帽子，要求孩子双手拿帽，并协助孩子举高双手，将帽子放在头上。

4. 戴好帽子后表扬孩子，并念诵“妈妈帽”的童谣。

5. 请孩子脱下帽子。（图50）

（三）帽子的旅行

12个月的淇淇完全能够听懂大人说的话了，她不但要学习戴上和脱下帽子，也应该了解帽子的用处，它并不是一个用来玩的玩具。

图50 我有一顶小帽子

故事《帽子的旅行》

有一只小兔，它想出门玩，天气真冷啊。小兔走在路上，吹来一阵大风，呼——，小兔的耳朵被风吹得竖起来，头好疼！这时候，帽子先生来了，小兔戴上了一顶暖和的帽子。

有一只小猫，它想出门玩，天气真热啊。小猫走在路上，太阳照着它的胡子，呼——，胡子就快焦啦！好疼！这时候，帽子先生来了，小猫戴上了一顶遮阳的帽子。

有一个宝宝，他想出门，怎么办呢？戴什么帽子？（请孩子拿起帽子，戴在头上）

讲完了故事以后，为了渲染一下气氛，巩固一下淇淇对帽子的认识，我又即兴编唱了一首歌。

歌曲《帽子歌》(3 / 4)

5 3 1 | 4 3 2 | 3. 2 3 4 | 5—— |

小宝宝，要出门，戴上小帽 子，

6 4 2 | 5 3 1 | 4. 5 4 3 | 2—— |

天气热，无所谓，我不怕阳光 晒，

3 3 1 | 5 5 3 | 4. 3 2 6 | 5—— |

天变了，刮起风，我也不在 乎，

5. 5 3 1 | 4 3 2 | 2 3 2 | 1——‖

戴 上帽子 出门玩 真快乐 呀！

对于一些可能还没有产生“脱帽子”欲望的孩子来说，恐怕要先将这个动作教给他，才能学习“戴”的技巧，因为，“脱”比“戴”要容易得多了。

游戏51 袜子大战

淇淇14个月的时候，已经会走路了，她特别喜欢感受赤脚在地板上走的那种“亲密无间”。如果天气比较凉，我们会要求她至少要穿上袜子，可是，这个小人儿可以无师自通地将袜子从脚上扯下来。

她用的是蛮力。

做事情，都是要讲究方法的，这是文明社会，我们是文明人，要会动脑子，而不是用蛮力。

趁着淇淇对脱袜子感兴趣的时候，我便适宜地上前帮助她，教她脱袜子的技巧。

（一）和孩子面对面坐在地上，大人和孩子都必须穿着袜子。

（二）大人将一只脚伸直，另一只脚屈曲，放在伸直的脚上，这样的位置比较便于孩子能够看见你所进行的活动，也帮助孩子摆好这样的姿势。

（三）向孩子示范如何把屈曲的脚上的袜子从脚踝推到脚跟上，鼓励孩子模仿。

（四）向孩子示范，如何拿着接近脚趾部分的袜子，并将它脱下。鼓励孩子模仿。

（五）请孩子帮你把另一只脚的袜子脱下。

（六）让孩子重复刚才的动作，把自己脚上的袜子都脱下。（图51）

图51 帮妈妈脱袜子

如果能够给脱袜子配上口诀的话，就更有意思了：

大拇指，插进去，
一拉拉到脚跟下，
扯一扯，脚指头，
袜子就能脱下啦！

简单来说，脱袜子的过程就是一个“三步口诀”：插（大拇指插进脚踝处）—拉（拉下袜子至脚跟）—扯（从脚趾处扯出袜子）。

一开始的时候，可能并不如你想的那么顺利，反复练习几次，并坚持要求孩子必须这么做，他就不会生拉硬拽，要么把袜子扯变形，要么脱不下来，气得不得了。

延伸游戏

1. 镜子镜子谁最美

A.利用镜子，让孩子练习戴帽和脱下帽子的动作。

B.让孩子给家里的毛绒玩具也戴上帽子，一起在镜子面前照一照，谁更美。

C.让孩子戴上大人的帽子，大人戴上小孩的帽子，增加游戏的乐趣，同时让孩子对“大小”的概念有一个初步的认知。

2. 卡通贴纸

在教孩子脱袜子时，可以将卡通贴纸贴在孩子的脚指头上，当孩子能够脱下自己的袜子时，就能看见自己的脚指头，并且拿到贴纸。

温馨提示：

1. 在教孩子戴帽子的时候，为了提醒孩子注意戴帽和拉好帽檐的动作要轻缓，家长在示范“拉好帽檐”后，可以将双手放在眼睛旁，做出OK的手势：食指拇指对碰，成O型，其余三指竖直打开，当“睫毛”。夸张的动作可以让孩子知道，应控制自己动作的力度，往下拉帽檐时应露出眼睛。

2. 不同的帽子有不同的戴法，遮阳帽和御寒的针织帽就有着明显的区别，并不需要将这两个季节的帽子都拿出来让孩子尝试，只需要顺应当下的季节，选一种帽子进行学习，就可以了。

2.5　没有了

◆游戏名称

游戏52：消失了

游戏53：完成了

◆游戏目的

1. 发展语言的表达性运用的能力（即能用语言或者手势表示“没有了”、“消失”的概念）。

2. 发展语言的功能性运用的能力（即能用语言或者手势表示“没有了”、“完成”的概念）。

3. 发展表达性的词汇。

◆游戏时间

每日至少做5～10次。

◆游戏准备

孩子喜爱的玩具或者食物。

佛禅说：这个世界上的事，总是无所谓失去，无所谓得到的。万般皆是空。你攥紧双手，什么都没有；你松开手掌，还是什么都没有。你不知道流逝的时间去哪儿了，消失的爱情去哪儿了，它们仿佛从来都没有降临过。

“没有了”有两层意思。

一是“消失了”。这就好像你千辛万苦热恋的人，打算和你分手，一夜之间人间蒸发，音讯全无，消失了。消失的东西你是找不回来的，所以，不用再去费尽心思。这个世界上，有一些人很纠结，就是在“消失了”的事实面前无法正视，自寻烦恼。

二是“完成了”。这就好像孩子吃完一包薯条，向你再要。吃完了就是吃完了，你若是再给他，没有节制地吃下去，就永远也找不到那个结束的“点”。凡事有开始，就会有结束。有一些孩子每天想着玩，除非自己累得睡着，不然不会停下来，一直很忙的样子；晚上要妈妈讲故事，再来一个再来一个，永远没完。教给孩子“完了”的概念，是要让他懂得，人是要学会自我控制的。不懂得控制和结束的人，他们的欲望会不断地膨胀。

“没有了”这两层不同的意思，对于12～18个月的孩子来说，是很难理解的，大人必须创设一定的场景来帮助他明白。

游戏52 消失了

这样的游戏很需要一些表演的天分，而且要演得很像，有的时候，还需要因地制宜地寻找可靠的东西来转移孩子的注意力。

15个月的小淇淇坐在地垫上玩她的小恐龙玩具，我走过去，假装参与她的游戏，借机拿起小恐龙：

小恐龙，肚子饿，闻闻这里香不香？

（用小恐龙的头蹭一蹭宝宝的胸前）

小恐龙，肚子饿，闻闻那里香不香？

（用小恐龙的头蹭一蹭宝宝的腋下）

东闻闻，西闻闻，爸爸那里最香！

（突然手指爸爸，转移宝宝注意力）

在淇淇转头的时候，我快速地将小恐龙玩具藏到了背后。

当她再次回过头来，我摊开手掌，对她说“没有了”。她对这个瞬间的变化感到有些不适应，这很正常，原本在的东西突然消失了，确实让人不适应。淇淇左右看了一下，她还是一个比较淡定的孩子，找不到就算了，她又拿起另一个玩具。(图52)

图52 小恐龙不见了

有的孩子就不这样了，一些心急的孩子会固执地找下去，或者哭闹。你千万不要心软，将玩具拿给她，而是应转移她的注意力，换另一个玩具给她。

人都有代偿的心理，这可以满足人们“得到”的需要。这就好比治疗失恋最好的办法就是马上投入新的恋爱，有的人刚买的手机不幸丢了，他会买一个和丢失的一模一样的手机。

孩子也是这样，你要让她知道，“消失了”的东西就是消失了，不要做徒劳无益的寻找，转移她的注意力，也是要她明白，上帝对你关上了一道门，一定会打开另一扇窗。

换了一个玩具，我们又开始新的游戏，我又把“恐龙不见了”的把戏重演了一遍。多次下来，淇淇终于发现了其中的奥秘，开始觉得这是一个有趣的游戏，她也学会“戏弄”我了。

淇淇将玩具当着我的面藏到自己身后，并且摊开双手，惊讶地说“没”。我知道，她已经能够学会用语言和手势来表达“没有了”的概念了。

这个时候，我可以教给她第二个概念。

游戏53 完成了

教这个概念要令人开心得多了，因为我们要用美味的食物来引导这个概念的建立。首先呢，我们要在小盘子里盛上少量的饼干，不要太多，重点不在吃，而是在“吃完了”。

当小淇淇高兴地享受美味的时候，她并不知道巨大的陷阱在等待着她。当然，如果有人用美味做陷阱的话，我也很愿意往里跳。（图53）

图53 美食“陷阱”

淇淇很快就吃完了盘子里的饼干，她看着我，想再要一些。对不起，没有了！我摊开双手，用很遗憾的表情看着她。淇淇只好作罢，没了就没了吧，淇淇从来都不是很有贪欲的孩子，和她爸爸一样与世无争。

我只好“当当当当”变出了另外一种精美点心——山楂片！美味嘛，有一点就够了，不要太多，还是两三片，很快又吃完了。这个时候，淇淇主动看着盘子，摊开双手“没有了”。

我们很明确这个概念，是吃完了的意思。我们到底是能够知道这些食物的“去向”的，它们在你的肚子里。这不像“消失了”那么让人难以接受。

有一些孩子也许不像淇淇这么好骗，你把饼干换成山楂片，他十分不满，就是要你把饼干再变多一些出来。你办不到，也千万别办到。人是这样的，你让一步，他就前进一步，你再让一步，他又前进一步——接下来，你就越来越管不了你的孩子，他很快就登上“皇位”了。

你给的山楂片可以不吃，如果他闹，就抱他去玩一会儿。吃的游戏到此结束，另觅良机。

而有一些孩子反应则会慢半拍，属于慢热型的那种，他不能用手势来表示“吃完了”，“没有了”，那么，大人需要给予他一些体能上的帮助，拿着他的双手做出摊开手掌的样子，或者来回摆手，慢一点对他说“没，没”。

小狗出去找伙伴，（双手打开放在两耳旁，上下摆动）
走在路上很害怕。（双手轻轻拍打胸前）
没有车，没有灯，（摊开手掌，跟随节奏上下颠动）
没有走路的行人。（重复）
呜——（假装哭的样子）
什么都没有怎么办？（摊开双手，停止不动）

在游戏的中途或者结束的时候，可以插入一些有趣的童谣来帮助孩子记忆这样的手势和语言，将这个手势和语言联系起来，很快的，他就能够举一反三了。

● 延伸游戏

1. 藏猫猫

可以选择2～3件小玩具，例如小球或者积木等，先展示给孩子看，记住这些玩具，然后将它们藏到毛巾下面、枕头下面，或者放在某个容器里盖上盖子，向孩子摊开手表示“没有了”，让孩子去寻找。也可以孩子藏，妈妈找。这个游戏适合于能够行走自如的孩子。

2. 超市寻宝

带宝宝去超市，拿一个篮子，和宝宝一起往篮子里放采购的物品，不要太多。然后趁着宝宝不注意的时候，将整个篮子丢弃在超市某个角落，摊开手掌对他说“没有了”。可以重复游戏2～3次，每次都再去取一个新的购物篮，但是不要太频繁，免得被超市的防损员批评——被批评了也别说是我教的，虽然我干过这事儿，可怜天下父母心。

温馨提示：

1. 游戏1的训练中，每天至少要给到孩子不少于10次的机会；游戏2的训练则每天不少于5次。

2. 家长要学习去记录孩子的表现，通过记录才能判断孩子是否达到了“活动成功标准”。

活动成功标准：在一个星期之内，孩子能用说话或者手势来表示“消失了”或者“完成了”这个意思10次。

3. 记录的方法（其他游戏的记录方法也可以参考这个）：

√代表孩子的表现合乎每一次训练的“成功标准”。

Φ代表孩子需要大人直接的辅助才能够达到成功的标准。

×代表孩子拒绝合作或者表现未能达到成功的标准。

2.6 完美的你自己

◆**游戏名称**

游戏54：这是这是……

（学习指向性，领会疑问句和陈述句）

游戏55：声势与声响

◆**游戏目的**

1. 发展接收用的词汇，对疑问句、陈述句的语气有所了解。
2. 喜欢声势游戏，学习使用代表声响的词汇。
3. 认识自己身体的每个部位。

◆**游戏时间**

每日5次，每次2分钟。

◆**游戏准备**

一面大镜子，布娃娃，卡通贴纸，腕铃或脚铃。

我不知道这个世界上为什么有一些人不喜欢自己，男人嫌自己秃顶，女人嫌自己太胖。还有一些人不修边幅，什么都能往自己身上穿，弄得自己跟犀利哥似的。他们不了解自己，也不会收拾好自己，走在大街上，就像花蝴蝶堆里站了一只蚊子，特别糟糕，让人爱不起来。

民间有一句话，叫做“学会爱别人之前，要先学会爱自己”。

爱自己的头发、身体、牙齿，爱自己的一切，并且要善待自己，懂得审美，懂得展现自己的美，才能生活得更好。因为你的生命不但珍贵，而且独一无二。

我要让小淇淇了解自己，认识自己，爱自己，展现自己。

游戏54 这是这是……

（学习指向性，领会疑问句和陈述句）

“认识五官”对于1岁3个月大的淇淇来说，简直就是小意思，你考不倒她。可是，今天我要和她玩的游戏并不是要考验她的智慧，而是要让她学会回应我的指示。我准备了许多的卡通贴纸，大一点儿的贴纸，太小的不好吸引宝宝的注意力。然后，我将大布娃娃摆在淇淇面前，我们开始玩“这是，这是”的游戏。

（一）熟悉的五官：首先选择淇淇已经熟悉的身体部位，例如：鼻子、眼睛、耳朵，然后拖长声音说：“这是鼻子？”淇淇点头，很好，她听懂了我的话。我用手指了指布娃娃的鼻子，将一张贴纸贴在布娃娃鼻子上。

（二）贴妈妈：接下来，我们要认识身体的其他部分，突出表达“这是——”，加重“这是”的语气，并用动作向孩子展示这个部位，引起孩子的注意力和兴趣。例如，当我说出“这是肩膀”的时候，便同时用手指向自己的肩膀，然后耸肩三次，边耸肩边发出“哒哒哒”的声音。

小淇淇觉得很有意思，肩膀也会跳舞耶！于是我让她将贴纸贴到妈妈的肩膀上，给会跳舞的肩膀一个奖赏。

然后是手臂、背、肚子、屁股、大腿——只要是“大部件”的，我都说了，并让淇淇贴上贴纸。

（三）贴宝宝：有了第一遍的经验，淇淇对身体的每一个部分有了认识，知道它们的名称。为了确认一下，她是否明白“这是”这个词汇的指向，我要考一考她。于是我将贴纸拿在手上，逐一提问。

第一遍：

这是肩膀？（将手指着孩子的屁股）

如果孩子摇头，则指向他的肩膀。

第二遍：

这是肩膀？（将手指向孩子肩膀）

无论孩子点头或者摇头，都说：

第三遍：

对，这是肩膀。（将贴纸贴在孩子的肩膀上）

刚开始的时候，淇淇还不太知道游戏的玩法，对这个指令也不熟悉，当我用疑问句的形式说：“这是肩膀？”的时候，她显得有一些茫然无措，不知道如何回应，傻站在那儿，只知道笑。于是我轻轻拍一拍她的手掌，给她暗示，再接着用肯定的口气说：“这是手掌。”(图54)

图54 这是宝宝的小手

尽管是同一句话，疑问句和陈述句的语气大不相同，孩子们总是分不清楚。所以，有的时候大人们嘲笑会咬人的两岁孩子：“小妹妹哭了，你开心了？高兴了？”孩子会很诚恳地点头：是的，开心，痛快！他甚至以为你是站在他那一边儿的，完全听不出来你话里的意思。

所以，教孩子语言的时候，还真不能马虎。

游戏55 声势与声响

淇淇对自己身体的每一个部位都有了新的认识和了解，这还不够。因为这还不能让她爱上自己的身体。这就和恋爱一样，你要让对方爱上自己，就要展示自己与众不同的迷人之处。

我们身体的每一个部分都是有灵性的，它们会发出让人着迷的“声响”，它们会跳舞。

53 5 | 53 5 | 56 54 | 313 |

听一 听，听一 听，什么 声音 最好听？

XX X | XX X | 55 65 | 321 ¶

哒哒 哒，哒哒 哒，我的（小手）最好听！

在唱到“哒哒哒”的时候，事实上，并不发出声音，而是用拍手、跺脚、拍脸、拍腿、“打舌鼓”等方式来代替这个节奏，发出声响。孩子们都会被这样的“声响”和声势练习所迷上，他们着迷于模仿你，自己会不断地练习，以做到和你一样。

最后一句的“小手”可以换成任何你想要让孩子掌握的身体部位，例如“我的大腿最好听”（拍腿）、“我的屁股最好听”（拍屁股）等。

因为我会唱歌，所以，玩起这样的游戏完全不费力气。可是有一些妈妈没有这样的兴致去表演唱，听她们唱歌不如杀100只鸡来得痛快，怎么办呢？把“唱”的改成“说”的也不错。

这是你的小手，拍拍你的手，（手指宝宝的小手，带领宝宝拍手）

XXXX XXX0 | XX X ¶ (一边念唱节奏一边拍手)(图55)

这是你的肩膀，耸耸你的肩，

XXXX XXX0 | XX X ¶

这是你的胸膛，拍拍小胸膛，

XXXX XXX0 | XX X ¶

这是你的肚子，肚子会唱歌，（拍肚子）

XXXX XXX0 | XX X ¶

这是你的屁股，屁股扭一扭。

XXXX XXX0 | XX X ¶（一边念“哒哒哒哒”一边扭屁股）

图55 拍拍你的手

要是你连节奏都看不懂，也完全没有关系，你需要自己编就好了，只是要记住，你编的节奏最好是“一个型”，是“稳定节奏”。

会跳舞会唱歌的身体无疑是充满动感和魅力的，如果每天下班回家，都可以和孩子跳上一段“身体舞”的话，那么，你就会头疼地发现，你的孩子和小淇淇一样，在家中四处闲逛，拍拍桌子、拍拍椅子、拍拍玩具熊，嘴里还念念有词：

“哒哒哒哒”。

有的时候，淇淇走过我的面前，嘴里念着“哒，哒哒哒”的时候，我将她的节奏接过去，加上一点变化，变成一个新的节奏念出来：“哒哒，哒哒哒哒，哒哒哒啊。”淇淇会停下来看我，不说话。等我念完这个新的节奏，她模仿得非常快，立刻继续往前走，忙她的去了，嘴里还在念着“哒哒哒哒”，只是，换成了新的节奏。这个过程十分有意思，不信你试试。

延伸游戏

1. 小乐器

将脚铃或者腕铃戴在孩子的脚踝或者手腕处，通过拍手和跺脚发出声响，吸引孩子的兴趣，学习身体部位，感受律动。

2. 拼图

买或者自制能够进行身体部位拼摆的玩具，例如“小熊穿衣”，和孩子一起从“头”开始，玩“拼图”游戏。

温馨提示：

1. 有一些孩子是先观察别人身上的部位，从别人的身上开始学习，所以，他能够听你的指令指出别人身上的部位，而不是自己的。即便是这样，能够正确明白你的指令，指出身体部位，也是成功的。

2. 孩子能够指出头发、眼睛、耳朵、口鼻、手脚等身体部位的平均年龄是两岁左右，两岁以内的孩子通常都可以指出3～5个部位。

3. 在每一次孩子完成要求后，都应该给予及时的鼓励和赞赏，可以是一个亲吻或者拥抱，但是不要用零食或者许诺可以看一会儿电视等来奖励孩子，应当让孩子注重感受成功本身带来的喜悦，而不是其他物质的吸引。

2.7 有的东西可以吃，有的不可以

◆**游戏名称**

游戏56：小明的食品店

游戏57：打假行动组

游戏58：大家都病了

◆**游戏目的**

1. 发展分辨可进食的东西的能力。
2. 锻炼口部、双唇及舌头的肌肉控制。

◆**游戏时间**

每日3次，每次提供至少5种食品。

◆**游戏准备**

有外壳的食物，不可进食有外皮的食物，假食物，类似食物的其他日用品，棉质毛巾，花生酱或蜂蜜等。

淇淇16个月的时候已经拥有了14颗牙齿，足够多。她对吃越来越感兴趣，任何东西她都想放进嘴里尝一尝，也许并不吃下去，只是品尝一下味道，她认为，这个世界上任何东西都是有味道的。

这就像长牙的小狗Baby，啃纸巾、啃沙发脚、啃衣服——木头的、棉麻的、皮质的——它们不能分辨什么能吃，什么不能吃，事实上，小狗们不在乎这个，它们也并不真的吃下去，只是牙痒，需要撕咬一些东西，来宣告自己牙齿的权威。

16个月的淇淇和小狗一样不能分辨什么是能吃的，什么是不能吃的，各种食物让她不知所措，什么食物该怎么吃，也是一个困扰她的问题。这就好像从小生长在山里的人，搞不懂明虾应该白灼还是爆炒，需不需要拉边或者去皮。

吃也是一门学问，是要学习的。

游戏56 小明的食品店

16个月的淇淇完全可以明白妈妈要说些什么，做些什么。她很聪明，喜欢在你的指引下玩游戏。从日出到日落，她数着太阳的脚步，等我下班，和她玩。

下班回来的路上，我去超市买了一些食品：

（1）必须去壳才能吃的：煮熟的花生、板栗、鹌鹑蛋。

（2）必须去皮才能吃的：香蕉、柠檬、火龙果。

（3）必须去掉外包纸才能吃的：橄榄、饼干、糖果。

每次我下班到家，淇淇是最开心的一个，如果有尾巴，她会像小狗一样摇着尾巴欢迎我。从我到家开始，她就一直像橡皮糖一样黏着我，期待我带来让她惊喜的游戏。

今天的游戏和食物有关，这真让人振奋。游戏的名称叫做“小明的食品店”，为你的游戏创设情境是有必要的，这也能发展宝宝的语言表述能力，和学习倾听、想象的能力。但是想名字太花时间了，我都是叫它们“小明”或者“小红”。

（一）分类介绍食物：每天只能介绍一种类型的食物，例如，第一天介绍“必须去壳才能吃的”食物。

（二）将食物分装在3个小盘子里，数量不要多，例如3粒花生、3颗板栗、2个鹌鹑蛋（都必须是煮熟的）。

（三）让宝宝触摸食物的外壳，并且告诉她：这是不可以吃的。

（四）剥下食物的外壳，让孩子看见你将外壳丢弃在垃圾桶中，然后让宝宝闻一闻食物可以吃的部分，让孩子尝一尝，加深印象。

（五）考验宝宝：宝宝想吃哪一个盘里的东西，就指着外壳问他，这个能不能吃？无论他回答能或不能，都要再重申一遍，“这个不能吃”。(图56)

图56 不是什么东西都能放进嘴里的

淇淇是一个善于观察的孩子，很快就能分别带壳的食物了。事实上，每一个婴儿们都是天生的“观察家”，他们不但善于观察，而且很留意细节，这对大大咧咧的家长来说，是不小的考验。如果你每次进门脱鞋子的时候都是左脚踩右脚，东一只西一只丢着，那么，你的宝宝就会和你一样，你全家可能都是这样。

游戏57 打假行动组

不出一个星期，这些食物的考验已经OUT了，淇淇希望挑战新的难度。于是，我又要费尽心思去找一些“假食物”。

这个世界总是充斥着许多可以以假乱真的东西，恶作剧的人们用泡沫或者塑胶做出各种水果和花卉，面包房的橱窗里摆着永远没有保质期的“假蛋糕”，他们甚至还将肥皂做成花生的样子、打火机做成鸡腿的样子。

这些“假食物”饶有情趣，但是，真的让婴儿们很难分辨。

（一）在桌上摆放假的食物和真的食物。

（二）观察孩子拿起哪一样食物放进嘴里。

（三）引导宝宝闻一闻、摸一摸，感觉食物的气味、重量、质感，并告诉宝宝哪一种食物是能吃的，哪一种是不能吃的。

（四）找到可以对应的相似的真假食物，让宝宝分辨。(图57)

图57 我有火眼金睛

因为假食物总是做得很像，淇淇有些时候会很困惑，拿起“假花生”就往嘴里塞，才发现那个硬得咬不动（我在杂货店买的“花生钥匙扣”）。当淇淇选择了假食品放进口中时，我便立即要求她自己吐出来，并再次向她解释一遍，怎么分辨真的和假的。

游戏58 大家都病了

如果食物好吃，孩子不在乎它是干净的还是脏的。因此，有一些孩子会捡拾被丢弃在地上的食物，或者自己不小心丢到桌子上、地上的食物，继续吃。

“病从口入”就是对这些孩子最好的忠告。

这可不是一日三遍要特意进行的游戏，而是积累在平时。每当淇淇想捡拾丢落的食物时，我就平静而严肃地告诉她：“不可以。”为此，你可以寻找有关这方面教育的绘本，讲给孩子听。如果找不到，则可以自己编，或者像我一样做一个情境表演：

你需要将家里面所有的毛绒玩具都找来，排成一排。再买一盒“医生玩具”，有针筒、听筒、药盒什么的。

假装在吃一个糖果，不慎丢在地上。然后拿起布娃娃，表演布娃娃走过去，捡起糖果尝一尝，结果肚子疼，需要打针，弄个玩具针筒给布娃娃打一针。也许是恐龙玩具，也许是毛绒小熊——全都因为吃了掉在地上的糖果，痛苦地挨针了。

相比较之下，在玩这个游戏的时候，淇淇更愿意扮演那个给玩具打针的医生(图58)，而我必须扮演那个捡脏东西吃的病人，我对淇淇能够做出这样明智的选择而感到高兴。

图58 我是小医生

在这个游戏中，会产生一些重要的内容和对白：

“这个能吃吗？”（妈妈捡起糖果佯装问“医生”）

“医生”可能会摇头，也可能点头，这都基于孩子对此的判断。

无论“医生”摇头还是点头，妈妈都要说：

“我要吃脏东西！”（妈妈佯装吃糖果）

“呜——肚子疼！医生快来！”（妈妈假哭）

当打完一针以后，妈妈要重复说一遍：

掉桌上的东西，不能吃；

掉地上的东西，不能吃；

不能随便捡，不能随便吃，

肮脏的东西会让你肚子疼！

这种游戏多玩几次，“狡猾”的淇淇会很期待妈妈来找她打针，她的注意力已经不在判断食物是否干净上了，而是扮演医生这个角色让她很有成就感。你再问她：“能不能吃？”她会笑着点头，鼓励你吃下去，然后找她打针。这个时候，我知道，这个小姑娘开始使坏了，我们可以换个新游戏玩了。

● 延伸游戏

1. 吞口水大赛

在进食可以进食食物的同时，让宝宝看着你吞口水，并且在吞咽时故意发出夸张的声音，引起宝宝注意。妈妈将手指横放在孩子的上唇和下唇，施加一些压力，帮助宝宝感受到闭上嘴巴，然后用另外一只手指划过宝宝喉咙，让宝宝学习吞咽口水，假装你听到了吞口水的声音。可以喝一小口水玩这个游戏。

2. 唇舌运动

让宝宝吹肥皂泡、吹蜡烛，或者把羽毛、面巾纸等轻的东西放在桌子上，让宝宝吹，借此发展宝宝的口部肌肉控制能力。

3. 甜蜜的双唇

将蜂蜜或者花生酱涂抹在宝宝嘴唇上，鼓励宝宝将食物舔掉。

温馨提示：

1. 当孩子可以认识8种外皮不可进食的食物和类似食物的假食物时，方可停止这项练习。

2. 当孩子将不能吃的东西放进嘴里的时候，不要大声喝止，或者责骂孩子，而是应该趁此机会告诉孩子这个东西的性质和用途。

2.8　晾衣服的夹子多有用

◆**游戏名称**

游戏59：摘星星

游戏60：小熊烫头发

游戏61：夹子歌

◆**游戏目的**

1. 训练手部精细动作，锻炼小肌肉群力量，学习二指抓捏物品。
2. 培养宝宝的专注力。

◆**游戏时间**

任何时候。

◆**游戏准备**

晾衣服的夹子，小毛巾。

没有人帮忙带宝宝是最痛苦的经历，尤其在宝宝从出生到上幼儿园之间这三年。你一个人又要带宝宝，又要做家务，像一个永远回不了家的士兵，每天都在战斗，晚上8点你躺在宝宝身边，她还没有睡着，你就梦见周公了。

这让我想起我那聪明的姑姑，在她做家务的时候，总是将女儿放在离自己五步之遥的距离。她在阳台晒衣服，就将一岁多的女儿安置在洗衣机滚筒里（你可别傻得忘记拔出电源），你也可以买一个大的收纳箱，将宝宝放在收纳箱里坐着，这样你才不需要满世界跟着她跑，宝宝就像《玩具总动员》里面会跑会动的小玩具，你要想办法控制住她，然后用其他的办法转移她的注意力，让她的眼睛一直追随着你，然后扔给她一小篮夹子，晒衣服的时候可以玩“躲猫猫”，可以念念童谣，让她帮忙递递夹子，既增添了家务的乐趣，又培养了宝宝初步的语言理解能力和能够听从简单指令。

游戏59 摘星星

刚开始，我将一岁两个月大的淇淇安置在身边的童车里，很显然，这个“环境”并不能让她满意，她希望我跟她玩，而不是晒衣服。于是，我只能“假装”跟她玩。

小星星，真调皮，

和我一起玩游戏。

一会儿躲起来，（家长用衣服挡住脸）

一会儿跑出来，（将衣服拿开，挂上去）

躲起来，跑出来，

宝宝看了笑眯眯！（“宝宝”可以换成宝宝的名字）

有的宝宝很活跃，就像淇淇，她只玩了一会儿就希望探索更有趣的玩法，而你还有一大堆的事儿没有干完，这也没有关系，你只需要蹲下来两分钟，将剩下的衣服夹子全部夹在洗脸毛巾上，然后夸张地伸出大拇指和食指，用“二指捏取”的方式向宝宝展示“摘星星”，这完全可以引起宝宝极大的兴趣，她希望重复你的“工作”，当她将“星星”全部从毛巾上拔下的时候，你再全部夹上去。(图59)

图59 摘下满天星

游戏60 小熊烫头发

晒完衣服以后，也许你应该去拖地板了——妈妈们总是有忙不完的事情。

于是，我将一只毛绒小熊塞给淇淇，并且给她分配了任务。只有大家都有事儿干的时候，人才不会觉得时间漫长难熬。

小熊爱漂亮，（摇一摇小熊玩具）

头发不够美。（摸一摸小熊头）

夹些小夹子，（用“二指捏取”的方法夹一个夹子在小熊头上）

哇！好美！

接下来就是淇淇美发师的工作时间了，有趣的是，淇淇“夹上去”的动作比“取下来”要显得笨拙得多，她会因为手部小肌肉群力量太小，而不能顺利完成“工作”。她显得有些沮丧。

我立刻注意到这一点，换了一些更小的、更薄的、木质的小夹子。夹子的选择和准备十分重要，因为这个时候，首先要让宝宝学会“二指捏取”，而不是考验她的力量。

可怜的毛绒小熊夹了满头的夹子，变成“狮子王”了。(图60)

图60 小小“造型师”

淇淇给毛绒小熊夹了一头夹子之后，开始有些不耐烦，于是，我们转移一下阵地，把她从中解放出来——夹窗帘去！

如果你家的地板足够大，你想顺利拖完地板的话，你需要许多许多夹子。

游戏61 夹子歌

当然，有一些孩子年龄小一些，只有1岁，或者10个月，手指的力量还很小，不能够灵活地运用拇指和食指进行“开合”的捏取动作，你只好多花一些时间，伸出你的“大手”，撑开拇指和食指，用缓慢的动作向宝宝演示“打开”、“捏紧”、“打开”、“捏紧”——反复做3次以后，宝宝就会觉得你很傻，索然无味，所以，你还需要加入一些“变化”：

小夹子、小夹子，（双手做“二指抓”状，反复“开合”6次）
夹衣服，夹裤子，（用“二指”轻捏宝宝衣服、裤子各一次）
夹完帽子夹袜子，（用“二指抓”轻捏宝宝头发或帽子、袜子或小脚各一次）
上夹夹、下夹夹，（双手做“二指抓”状，上下开合各3次）
小小夹子作用大！（双手拇指食指捏紧，轻轻胳肢宝宝逗引她笑）

当你重复这个童谣游戏的时候，宝宝会十分期待最后的那一句，期待你“胳肢”她，甚至有些时候，还没有等你念到最后一句，她就已经笑得不行了。妈妈和宝宝可以交换角色，将这个游戏每天玩一遍，直到你给她真正的一篮子夹子的时候，她会认真注意到夹子的特征，并且试图像你一样使用夹子。

她对夹子产生了浓厚的兴趣，尝试将夹子夹到所有她能够得着的东西上去，也许是家里的窗帘，也许是衣柜里的衣服，也许是夹在你的鞋子上，或者洗澡的浴巾上。

也许家务全部做完的时候，宝宝还在那儿夹窗帘，这个时候，你可以泡一杯茶，坐在沙发上欣赏她的“工作”，不要打扰她。在宝宝专心游戏的时候，千万不要打扰她，你已经将游戏的方法教给她了，在没有经过她的允许，或者她要求你帮助的情况下，不要突然加入，不要让宝宝失去独立游戏的机会。

宝宝在反复摆弄一件物品的时候，他的想象力和创造力远远超过你的想象。1岁3个月的淇淇将晾衣服的夹子一个一个拼接起来，就像一条长龙，她还不能说出自己的“作品”是什么，但是充满惊喜地冲你喊叫，希望你能表情夸张地赞美她——她是多么聪明。(图61)

图61 小夹子，变化多

同样还是这样的一篮子夹子，在淇淇两岁的时候，她已经能够用它们夹出造型各异的东西，她需要越来越多的夹子——这种“建构”的行为已经不仅仅只是手部精细动作的训练，更多的是创造力和想象力的拓展。

● 延伸游戏

1. 练习“二指抓”

可以选择直径超过3厘米的食物或者玩具，让宝宝反复练习“二指抓”，例如核桃、红枣、积木；也可以将萝卜或者黄瓜切成方块，装在容器中，让宝宝捏取。如果能够为每一个“捏取”活动配上富有韵味的童谣的话，宝宝会更加愿意进行这样的练习。

2. 套插游戏

选择套筒或者套娃，以及一些可以套插的玩具，让宝宝练习捏取的动作，提高手眼协调能力。

温馨提示：

1. 递给宝宝一篮夹子之前请先检查夹子是否完好，以免发生危险。

2. 什么是“二指抓”：用拇指和“他指”（拇指以外的任意一手指，一般多用食指和中指）捏取物品的动作，称之为“二指抓”。

2.9　夹子变形记

◆游戏名称

游戏62：夹子叠叠乐

游戏63：夹子图形

游戏64：飞碟掉下来

◆游戏目的

1. 训练宝宝手眼协调能力。

2. 培养宝宝耐心。

◆游戏时间

一日中任何时段。

◆游戏准备

晾衣服的夹子，纸碟，晒衣服的架子。

这可能是最不花钱的游戏了。客人们带着孩子到我家，试图搜刮走一些玩具。电动汽车？声控玩具？铠甲勇士的兵器？召唤器？对不起，通通没有。20世纪70年代的孩子也根本没有这么多高科技的玩具，我们在院子里找蜗牛，在后山捉迷藏；80年代的孩子玩的花样多一些，可也没有达到“2000后”的消费水平。

玩具不是越高档就越益智。你看那些英国贵族玩的木质玩具，简单的九步棋你能一个人解半天，多米诺骨牌能消耗你半天时光。

玩具最重要的功能是能刺激你的想象力、创造力和手、眼、脑并用的协调能力。

你每天让孩子拿着一个奥特曼走来走去，他就变聪明了？

所以，越生活的，越有价值。你要善于寻找生活中随手可得的日常用品，开发出适合孩子的游戏，省钱、环保、益智。

夹子就不错，小一些的孩子可以玩夹子，玩啊玩，玩到孩子18个月了，夹子还是有用处。

游戏62 夹子叠叠乐

超市都有卖各种颜色和材质的夹子，为了让主妇们有愉快的家务体验，夹子还被设计成不同的造型。给孩子选择夹子，最好选“A”字形的夹子，这样做游戏时成就感会强烈一些。

这个游戏会适合已经1岁3个月以上的宝宝，他们已经有了熟练的“二指抓”的能力，并且有一定的建构概念。

我将夹子都放在方篮里，而不是抱一把撒在地上。这个很重要，因为我们要给孩子建立一个“秩序感”，一样东西是整体出现的，游戏结束以后，也要收拾到这个容器当中去，回归它最初的样子。

然后我向淇淇示范建构。

我们找到夹子开口的部分，因为是A字形的夹子，倒过来会很像张开嘴的“<”，你只需要将另一个夹子夹在这个夹子“张嘴”的一边，然后就可以天马行空地一个一个照这个方法夹下去。(图62)

图62 夹子叠叠乐

孩子很容易就掌握了这个建构游戏，因为篮子里面的夹子并不多。淇淇很快就夹完了，刚开始，她希望再向我要一些夹子，可是，很遗憾，没有了。

这也是一种控制，你要用有限的夹子建构出某一样东西，并且能够描述这样东西。

我问淇淇：“这是什么？是大鱼吗？”

她点点头，于是在第二次拆掉以后重新建构时，她开始在脑中想象一个物品，并尽力用有限的夹子建构出物品的样子。

到了淇淇18个月，她已经可以自己说出建构的物品名称了，也许搭的是网兜，也许是鸟巢，谁知道呢？她在这个游戏中自得其乐，磨砺耐心，创造她的世界。

游戏63 夹子图形

在淇淇12～15个月的时候，我们用夹子拼一些图形，这也是很有趣的实验。

但是，我并不向淇淇灌输关于图形的概念，这是三角形或者这是正方形，而是让她在视觉上对图形有一个概念，它们是有“规矩”的，四方的图形和圆形毕竟是不一样的。

首先，我要用卡纸剪出正方形、长方形、圆形，要剪得大一些，这样比较好夹。然后是用夹子沿着圆形的边，一个一个将夹子夹在周围。重点是：一个紧挨着一个。

然后将剩下的图形交给淇淇，她就能够模仿我的样子，用夹子夹出不同的图形。当你把夹好的图形摆成一排的时候，十分好看。平面的卡片一下子变成立体的了，在视觉下，一维空间一下变成二维的了，十分有趣。

当然，你的夹子要足够多。(图63)

图63 小夹子很有“形”

摆成一排以后，你还可以利用这个夹好的图形讲一个故事，激发孩子再次创作的兴趣。你看那些大师，每一件艺术品背后，都有一个故事。故事让这个作品呈现出底蕴，呈现出灵气和生命力。它是“活”的。

图形故事《妈妈烫头发》

妈妈觉得自己的头发一点儿也不好看，妈妈想去烫头发。烫成什么样子呢？烫一个圆圆的刺猬头吧！“嘁嘁嘁嘁”（用手指逐一点着夹子），理发师在妈妈头上夹满了夹子，然后包上热乎乎的毛巾（将手帕盖在圆形图片上），“当当当当”头发烫好啦！妈妈笑啦！（用彩笔快速在圆形上画出笑脸）

当你讲完一个故事，淇淇就会指着下一个夹好的图形，期待你讲第二个，第三个。你也可以夹完一个图形讲一个故事，再夹一个图形，再讲一个故事。

游戏64 飞碟掉下来

这个游戏就需要一点小小的技巧了。你可以去买或者去蛋糕店要一些“纸碟”，然后将纸碟放在纸杯上，保持平衡，别让碟子掉下来。

给宝宝一篮夹子，自己一篮夹子。

宝宝的夹子是红色的，你的夹子是黄色的。当然，也可以不区分颜色，但是颜色的区分能够给到宝宝“简单分类”的概念，知道自己的夹子和妈妈的夹子是不一样的，这样，在游戏结束时很容易判断谁是胜利的那一方。(图64)

图64 我比妈妈棒

我和淇淇轮流往纸碟上夹夹子，妈妈夹一个，淇淇夹一个，要很细心，很有耐心。在这个游戏的过程中，淇淇有一些迫不及待，她希望自己一下子将夹子全部夹完，但是，不可以，我们要“轮流”。轮流是建立协作游戏的基础，对于15个月的淇淇来说，必须学习这一点。

我们要尽量保持纸碟的平衡，不让纸碟掉下来，这是很需要手眼协调技巧的游戏，动作要轻，还要找到夹夹子的“点”，这个“点”找得不对，或者是太过用力，纸碟就会掉下来，你就输了。

我尽量保证淇淇是胜利的那一方，这样她会有持续游戏的兴趣。当我不幸将纸碟掉下来的时候，淇淇总会开心地大笑，“幸灾乐祸”这个成语真是说得一点不错，把快乐建立在别人的失败和痛苦上，快乐可能会加倍，我们似乎更加希望看到一贯比自己强的那个人失误。

● 延伸游戏

1. 钓鱼大赛

提供10～20个晒衣服用的衣架，用胶带将衣钩的部分缠绕起来，以避免危险。然后用“垂钓”的方式：用脚勾起来，或者用绳子或者小棍子等穿起来的形式，将衣架串在一起，宝宝和妈妈要共同做游戏，哪一方的衣架多，哪一方就是胜利者。胜利者会得到奖品。这个游戏适合18个月以上的宝宝。

2. 衣架计算器

在一个衣架上夹夹子，也可以夹纸片、夹便签条等，帮助宝宝建立初步的计算概念，例如：1个的“1”的概念，“多”和“少”的概念。哪一个衣架上的夹子多？哪一个衣架上的夹子少？再大一些的孩子可以进行5以内的点数，在衣架上夹5个夹子，并让孩子口手一致地进行点数。这个游戏适合18个月以上的宝宝。

温馨提示：

1. 家长要能和孩子平等地参与到游戏当中。做亲子游戏不是上课，家长不能高高在上指手画脚，而应当是游戏的参与者，并且跟孩子处于平等的地位。

2. 这是一系列“创意游戏”，创意游戏中，妈妈们可以就地取材，废物利用，举一反三，根据自己的生活经验，创造出更多适合宝宝玩的游戏。

2.10　宝宝的图画阅读能力

◆**游戏名称**

游戏65：“它”就是“它”

游戏66：小动物们住哪里

游戏67：看图说话

◆**游戏目的**

1. 训练宝宝辨别形状、颜色的能力。
2. 训练宝宝将实物与图画配对的技巧。
3. 提高宝宝对图画的领悟能力。

◆**游戏时间**

每日3次，每次最少提供2～4种不同的物品和图画。

◆**游戏准备**

常见日用品及玩具，与这些物品相同或者相似的图画、儿童认知图卡。

人们都知道，右脑是人类的祖先脑，也叫印象脑，6岁之前的婴儿们都用右脑进行学习，他们大量地将图片和印象像“照相”一样放进自己的右脑，并用右脑惊人的记忆力全部贮存起来。

擅长使用右脑的人，是聪明之极的人。

中国人不知道是太聪明还是太单纯，将文明进化到现在，汉字被全世界公认为既是最复杂又是最简单的文字，复杂在于中国人将简单的文字要组编成寓意深远的句子，上中学时学“文言文”就是我最痛苦的经历，还有可怕的拼音加上声调，英文只有26个字母组成，而拼音却要分声母和韵母，还有整体认读；汉字简单则在于它的“源头”，你要领会一个字词都是很容易的事情，因为绝大部分汉字都是“形声字”，你看到的“日”一定像太阳，你看到的“火”也真的像燃烧的火苗……

我们开始用“象形字”记录和表达事情的时候，也开始了真正的人类语言的沟通。

我有的时候会想，中国文明刚刚开始的时候，就如同一个刚学说话的婴儿，就像一岁零三个月的淇淇这样，她试图从各种图画中去理解它们的意思，图画阅读能力也是语言能力的一种，是我们进行理解、表达的一种沟通能力，是学习语言的婴儿们必须掌握的。

游戏65 “它”就是“它”

一岁多的淇淇可以不假思索地取来你要的东西，例如，我说：“帮妈妈把扫把拿过来。”但是，这些并不够，我希望她能够将实物和图片进行配对，能够逐步引导她领会图画的意思，具备简单的图片阅读能力。

我在一个大篮子里装了一些淇淇常见的交通工具，并将一本关于认识交通工具的儿童画册一页一页撕开，逐一摆在淇淇的面前，例如：

第一遍：

1. 将公共汽车玩具拿出来，提问：“这是什么？”

2. 将“公共汽车图片”摆在淇淇面前：“请你将公共汽车放在公共汽车图片上面。”

淇淇能够明白我这句话的意思，将具体的实物摆放在平面的图画上，她做到了。

第二遍：

1. 将其他任意图片和“公共汽车图片”摆在一起，并列在淇淇面前。

2. 请淇淇再次将公共汽车玩具放在对应的图片上。

淇淇毫不迟疑地又做到了。

因此，我判断，淇淇已经具备了将实物与图片进行配对的能力，她能够分辨出相同的物品，于是，我在地板上摆了3张不同的交通工具图片，让淇淇从篮子中找到相应的实物玩具，进行配对。

淇淇很热衷于来回搬运玩具，她自己找到了配对的方法，刚开始的时候，淇淇随意拿起篮子中的一辆摩托车玩具，在3张图片面前走了一遍，发现居然没有摩托车图片，她只好将玩具放回篮子。第二次，她就学聪明了，先看看有什么图片，再到篮子中寻找相应的玩具。(图65)

人总是可以在实践的过程中找到快速解决问题的方法，连婴儿都可以办到，这就是人类为什么能够主宰世界，而不是猴子主宰世界的原因。

图65 我能找到

游戏66 小动物们住哪里

简单的配对游戏对于像淇淇这样领悟力好的孩子来说，似乎显得太容易了一些，将实物与相应的图片去进行配对，她只需要动一点点的小脑筋，产生一点点的联想，就能够办到。所以，一个星期之后，我想出了更难的游戏让淇淇完成。

这有一些像“游戏闯关”，玩游戏的人兴致勃勃，设计“关口”的人绞尽脑汁，所以，有的时候，我搞不清楚，是我在挑战孩子，还是孩子在挑战我。

小鸟在树上不停叫，
青蛙往池塘荷叶跳。
小狗在狗屋睡懒觉，
金鱼嫌鱼缸氧气少。

我向淇淇介绍了一些小动物的住处，其实，她对更多小动物的栖息地感到好奇，她想跟着蚂蚁去看看它把食物搬到哪里去，她也想邀请在地上跳跳跳的麻雀到我们家里去，她甚至以为厨房出现的小蟑螂本来就和我们是一家人……

每个人都有自己的去处，人以群分。

每个动物都有自己的蜗居，物以类聚。

好比青蛙不可能在树上搭窝，就算它对小鸟仰慕得不得了也不行。

我在淇淇面前摆了一张自己设计的图画，让她“空手连线”，将动物和它们的“住宅”进行配对。当确定淇淇已经能够准确分别，并且配对成功后，我将笔递给淇淇，让她连线。(图66)

图66 送小动物们“回家”

她画的线十分绕，有一些曲折，但是，至少她知道从一点到达另一地点。这之间的“路”就叫做“线段”。

不但要配对，还要进行自我控制。

“画线段”就是极难的自我控制。

游戏67 看图说话

淇淇很想能够像我一样，睡前靠在床上看看书。我也很希望她能在睡前看看书，她自己看，而不是让我念给她听。我每晚看一本无趣的婴儿绘本，我就会自我催眠，比女儿更先睡着。所以，及早让孩子能够领会图画的意思，看得懂图画，具备一定的图画阅读能力，是多么得重要。

经过长达两周的训练，我确信淇淇已经能够将单一的图画和实物联系在一起，现在需要的是像“镜头剪辑”一样，将单个的画面串起来，变成一个故事。许多绘本都是这样，大幅的图画，只表达一个意思，重复出现的主人公，像“线索”一样将每一个单个的画面串联起来。

于是我开始教淇淇去“表达”绘本，而不是像以往一样“看”绘本。

第一遍：向孩子介绍图画内容，例如“小狗小波在玩皮球”。

第二遍：请孩子指出画面内容，例如“小波的皮球在哪儿？”

第三遍：向孩子提问，尽量说简单的完整句，一岁半以后的孩子能够完成，例如“谁在玩皮球？”或者“小狗叫什么名字？”，“小波在玩什么？”(图67)

图67 看图说话

当和淇淇一起“说”完每一页的画面内容以后，我便让她自己一页一页翻书，重温一下刚才说过的内容。

你必须给孩子自己“看书”的时间，而且要“精讲”故事，而不是看着画面提示的句子一语带过，不向孩子做任何提问，不给孩子观察、思考和回答的机会。有的妈妈，陪孩子看书，绘本总是很薄，故事总是很短，她觉得一下子就讲完了，孩子也迫不及待地要你讲下一个、下一个……

你一个晚上可以讲十个八个。其实完全不用这样，只要每一个故事的每一个画面都让孩子领会的话，讲完让她自己再看一遍就可以了。

慢慢地，孩子就能自己独立地看书了。

你不能陪伴孩子一辈子，所以把方法教给孩子，给她独立解决问题以及独处的锻炼，是十分重要的。

● 延伸游戏

1. 颜色配对

可以打印或收集一些图片，让孩子进行颜色的配对练习。例如：红色的书包放在红色的桌子上，黄色书包放在黄色桌子上。玩这个游戏的前提是，孩子必须能够分辨几种基础色，例如红色、黄色、蓝色等。

2. 形状配对

在白纸上用笔画出正方形、三角形、图形的图案，只要线条就可以，不要涂上颜色。然后剪下和白纸上画好的图形大小一样的卡片，交给孩子。让孩子手持图形卡片，将图形卡片覆盖在白纸上，图形和图形重合。

温馨提示：

1. 在1个星期之内，1～1.5岁的孩子至少要能够正确配对5件以上的实物与图片才算通过。

2. 如果孩子不能够从两张不同的图画选出与手持实物相匹配的图片，则不能够一下子增加难度，出示5张图片5件物品，而应该循序渐进，放慢速度，不要着急。

3. 在每一次的配对练习中，不要有多过3～4幅的图画给孩子选择。

4. 在配对的游戏中，可以提供多一些的种类供孩子进行配对，但是尽量避免使用孩子最喜爱的玩具，以防止她对其他玩具及物品置之不理。

2.11 想怎样就怎样

◆**游戏名称**

游戏68：表情小人

游戏69：小熊哭了

◆**游戏目的**

1. 体验各种情绪不同的表达方式，促进孩子社会化的发展。
2. 发展孩子创造性思维能力和观察力。

◆**游戏时间**

任何时候。

◆**游戏准备**

音乐，手套（在每一个指头上画不同的表情）。

我曾经看过一篇文章，说人的这一生都被谎言充斥着，无论是谁，每天都要撒谎，只是次数多少的问题。作为资深的社会人，30岁以后的我们不但撒谎，而且还懂得隐藏自己的情绪。升职的时候我们假装淡然：那都是组织上培养的结果；失恋的时候我们假装淡然：那是事业心战胜爱情的结果。

30岁以后，我们就只剩下一个表情了：淡然。

可是孩子不这样，他们高兴就笑，难过就哭，不满就叫！活得十分率性。

这些单纯的孩子甚至还不懂得去辨别不同情绪带来的表情效果，不懂得看大人的脸色，社会经验明显不足。

我的一位同事，刚毕业当老师的时候，我们都傻乎乎地成天忙于写教案，她已经和上上下下的校领导混成姐妹，对我们也是亲如手足，她懂得说话，懂得礼节，知道什么时候干些什么事情。很快，她顺风顺水地当上了教研组长、教导主任、副校长，连恋爱结婚都是女王一统天下般令人羡慕，我们都只是觉得她“聪明”，没有人觉得她“厉害”，我断定那都是她母亲教的。

社会经验这种东西，并不是都需要自己亲自去体验的，而是可以借鉴的。如果有一位好的母亲，或者好的父亲，能用对方法给孩子一些提示，孩子可以少走很多弯路，更快形成自己的性格，成为受欢迎的人。

这些功课，从婴儿期就要开始教了。

游戏68 表情小人

9个月以上的孩子就能够很迅速地分辨大人的表情，并且试探某一件事情自己是可为还是不可为，到了14个月，他简直就是察言观色的高手了。

光会察言观色是不够的，关键是控制自己的行为。有的孩子会控制自己，有的办不到。明明知道这样做，大人是会生气的，可偏偏管不住自己的手脚，要到被骂了才知道哭。

这些需要一步一步地教，就像饭要一口一口地吃，路要一步一步地走。

我和16个月的淇淇玩“表情小人”的游戏，这个游戏适宜的年龄跨度还是很大的，小到1岁，大到6岁的孩子都喜欢这个游戏，只是起的作用不一样罢了。

（一）妈妈出示手套指偶，5个手指上画着不同的人脸，示范问好：(图68)

“今天妈妈请来了5个新朋友，让我们互相认识一下吧！”

图68 哈喽，你好！

这种线织手套在哪儿都能买得到，但是最好在劳保店买那种白色的手套，将各种表情画上去才显得突出一些，你要是住在超级发达的地区，连劳保店都找不到的话，我试过买洗碗用的橡胶手套，效果也很好。

（二）你最喜欢谁：“请你看一看，你最喜欢谁？”这要事先在指头上画好以下表情，但愿你画得像。然后让孩子用手指逐一将手套上的表情小人点过去，你还要作出相应的面部表情去呼应，孩子会觉得更加生动有趣。如果孩子不想点你的手指头，你也应该把这场表演演完，自己点。

A.笑眯眯的 B.生气的 C.难过的 D.害怕的 E.大哭的

（三）说唱与律动：如果仅仅只是表现一下各种情绪的表达方式，是远远不够的，情绪还应该靠语言抒发出来，情绪是具有感染力的。这就像看电影，一个人和一群人看是不一样的，快乐会传染，悲伤会传染，恐惧也会传染。

高兴的话你就笑眯眯，（举起大拇指）

生气的话你就摇摇头，（举起食指）

难过的话你就转过去，（举起中指，转手）

害怕的话你就抖一抖，（举起无名指）

大哭的话就让我来抱抱你！（小拇指勾在一起）

如果你有画画的天分和足够的耐心，你可以做一个大手套，再做一个小手套，或者像衙门里的衙役似的，弄几个类似“肃静”的牌子，举什么牌子，表演什么表情。

如果你的孩子稍微乖一点，“好摆布”的话，你甚至可以让他来表演这些表情，那相当好玩。

游戏69 小熊哭了

任何事情，光说不练都是假把式。如果你要让宝宝充分地去察言观色，之后能够“感同身受”，那是最难的了，但是是必需的。

我们周围有很多这样的人，当我们大讲笑话的时候，他只是“莞尔”，真没劲；当我们伤心的时候，他试图安慰我们，但是说的话总是轻飘飘安慰不到点上——能够“感同身受，换位思考”，也是一种社交能力。

我确定淇淇需要这样的能力。

这种能力需要通过多场次的排练才能达到，人们把这样的排练称之为“过家家”。

小熊是一只快乐的小熊，每天总是笑眯眯的（出示“高兴”的卡片）。小熊遇到小鸟，很高兴：“小鸟你好！”；小熊遇到小狗，很高兴：“小狗你好！”；小熊遇到宝宝，很高兴：“宝宝你好！”（可以换成孩子的名字）拥有朋友，真好！

有一天，小熊出门玩，摔倒了，小熊哭起来了：“好疼！好疼！”（出示哭泣的卡片），请你安慰一下小熊，好吗？

孩子可能并不理解什么叫做“安慰”，但是，你还是必须这样说，而不是用其他的词来代替。你可以引导孩子“抱一抱小熊”，“摸一摸小熊”，这样小熊就不疼了，小熊笑了。这样一来，孩子就能够明白“安慰”的意思和用什么方式来“安慰”。(图69)

图69 小熊不哭

一岁半以后的孩子，有更多和其他小朋友接触的时光，人与人的相处是一门很深的学问，他们在建立自己的“社交圈”的初期，学会安慰，也就学会了包容和关怀，这能够给他们带来更多的朋友。

● 延伸游戏

1. 心情卡

自制一些表情卡给孩子，每次不要给太多表情卡，3~5种就可以了。然后和孩子玩互动游戏，当妈妈亲宝宝的时候，宝宝心里高兴吗？高兴的话就拿出“笑眯眯表情卡”；当妈妈抢走宝宝玩具的时候，宝宝生气吗？（假装拿走玩具），生气的话拿出“生气表情卡”，依次类推。

2. 看绘本

可以引导孩子和你一起分享阅读时光，例如系列丛书《我很难过》、《我很害怕》等，都十分适合孩子，能够让孩子正视这些情绪。

温馨提示：

1. 游戏1能帮助孩子知道不同情绪的表达方式，促进其社会化的发展，朗诵时应注意节奏和速度，要通过声音的变化让宝宝体验不同的情绪。

2. 当你带着孩子和其他同龄小朋友玩耍时，可能会发生一些“打人或者被打”，“咬人或者被咬”的情况，抢夺玩具则更正常不过了。因此，首先你要了解，3岁以下的孩子通常是不会分享玩具的，当你希望自己的孩子结交朋友，共同游戏的时候，你要带足够多的玩具，并且进行分配，以保证一人一样，例如玩沙；其次，可以事先和孩子沟通，用简单的话教给孩子遇到什么情况应该怎么办，这样孩子会有一个“经验引导”。

2.12 清洁机器人

◆**游戏名称**

游戏70：勤劳的小蜜蜂

游戏71：秋风扫落叶

◆**游戏目的**

1. 学习“擦”、“扫”等动作技巧，发展手部精细动作。
2. 培养婴幼儿的“时间意识”，学习有始有终完成一项任务。
3. 培养孩子的秩序感和专注力。

◆**游戏时间**

任何时候。

◆**游戏准备**

海绵。

淇淇能够独走自如的时候，就开始“收拾”自己居住的环境。

环境对一个人来说，非常重要，尤其是居住的环境，那是一个让你产生归属感的地方。每一个人，都有自己生活的习惯和方式，你是什么类型的主人，你的家就会变成什么样子，非常明显。

我和先生单独居住的时候，厨房台面上都是常用的榨汁机、电炖锅、豆浆机、微波炉等等，碗筷都是收在碗柜里，冰箱更是“有条不紊”，每一样食品都用保鲜盒装好摆放整齐——婆婆一来，厨房就变成了“她的样子”。

洗好的碗筷放在台面上叠着，筷子收在牙杯里插着，冰箱里都是上一顿剩下的饭菜的味道，榨汁机因为使用率太低收进橱柜雪藏——最要命的是，客厅的电视永远只停在“戏剧频道”。

婆婆每年小住一个月，走后，我便开始“恢复原貌”。

淇淇也是这样，她在这个屋子里住了17个月了，终于萌生了“主人翁”的意识，她意识到，自己是可以改变环境的，于是，她也打算让这个环境更有自己的“样子”。

游戏70 勤劳的小蜜蜂

淇淇在15～19个月的期间，特别喜欢劳动，她模仿我的日常行为，将屋子里里外外都收拾个遍。在所有的劳动工作中，她最喜欢的，就是擦桌子。

“擦”是一件非常需要专注力的工作，而且必须手眼协调。

（一）擦桌子：提供一块纱布或者洗碗布给孩子，示范“擦”的基本动作：来回擦（擦椅面）、顺时针抹圈擦（擦盘子和桌面）、往一个方向擦（擦镜子），然后让孩子自由探索，熟练这些动作。(图70)

小抹布，真神奇，
四四方方有魔力，
擦桌子，擦椅子，
擦得周围亮晶晶。

图70 我是勤劳的小蜜蜂

（二）擦叶子：提供一块海绵给孩子，端一小盆水，让孩子观察海绵吸水后的样子，让孩子感受“挤”海绵，体验有趣的现象，并锻炼五指力量。家长示范如何使用海绵擦拭室内盆栽的叶子，例如富贵竹、绿萝等的叶子。

小树叶，你别哭，
我来帮你洗洗脸，
轻轻擦，轻轻擦，
擦擦你就干净啦！

纱布和海绵，这两种不同材质的清洁用品，为淇淇带来了不同的擦拭体验，无论是擦桌椅还是擦叶子，只需要给她一块清洁布，淇淇就能擦上很久很久，久到我可以煮好一杯咖啡，看完半本小说，因为，一棵植物有许多叶子，一个家庭有许多桌椅台面，包括地脚线——能擦的，都擦去吧。

像这样热爱劳动的品质，是绝对需要发扬光大的，我甚至幻想20岁的淇淇，还能够每天帮我刷碗拖地。为了让这种任劳任怨的精神在淇淇身上保持下去，我以勤劳的小蜜蜂为例，讲述了小蜜蜂的故事，并买来小蜜蜂贴纸，每当淇淇完成一件任务，我便奖励给她一张蜜蜂贴纸。

能够成为一只“蜜蜂”，是至高无上的荣耀。

小蜜蜂，真勤劳，（双手叉腰，踮脚）
飞来飞去采蜜忙。（双手叉腰，前后摆动）
这边的花朵闻一闻，（身体向左转，蹲下）
那边的花朵闻一闻，（向右转身，蹲下）
真香，真香，（身体前倾，做闻香状）
飞到空中跳支舞，（抱起宝宝转个圈）
叫我的伙伴一起来，（爸爸将手搭在妈妈肩上）
大家一起采花蜜，（一起踮脚先前走）
采好花蜜送给谁？（放下宝宝）
送给我亲爱的小宝贝！（抱住宝宝）

游戏71 秋风扫落叶

除了擦桌子，淇淇还喜欢扫地。我们坐在客厅看电视的时候，淇淇很忙，她走来走去，拿起比自己还要高的扫把，试图扫地。看得出来，她十分费劲，但是，我们依旧看电视，也看看她，在她没有提出要帮忙时，我和爸爸都不打算打扰她的“工作”。

这个看似简单的“扫”的动作，真是一点儿也不简单。

（一）风吹叶落：“扫”，要将东西都聚集到一个“点”上，我希望淇淇能够明白这一点。为此，我选择了一首哀伤的音乐，表演了一段秋风起落叶飞的戏。然后真的将剪好的“叶子”撒在地板上，向淇淇示范，如何将它们聚拢在一起。显然，我不是用比她还要高的扫把，而是一把“排刷”，油漆师傅刷墙的那种排刷，引导淇淇选择一个“中点”，其他叶子都扫向这个“中点”。

（二）柳条依依：将纸撕成长条，散落在餐桌上，给宝宝一个桌面“扫”和小畚斗，让她学习如何将柳条都收集进畚斗。

淇淇对自己的“工作”十分投入，我们对她的“工作”成绩也十分满意，尽管更多的时候我们要打扫她留下的“战场”。(图71)

图71 秋风扫落叶

孩子们对自己日常所见所闻的事情都充满好奇，并且乐意模仿和尝试，这是他们了解和适应这个社会的一种方式。通过婴儿们的活动，我们也发现，最适合婴儿的游戏是由日常行为创造出来的游戏，这也是最贴近生活的游戏。

● 延伸游戏

1. 自己的事情自己做

一岁半以后的孩子有更强的自主意识，也必须学习更多为自己服务的本领。大人应该通过故事、儿歌、谈话等方式将这个讯息传递给孩子。

小宝宝，真能干，
会洗脸，会刷牙，
会穿衣，会吃饭，
不要妈妈来帮忙，
自己的事情自己做！

2. 扣纽扣

找到需要使用“按扣”的衣服，让孩子学习对应扣眼，一一对应，按下扣子，扣好它们。这可以促进孩子手眼协调能力，提高手部精细动作，锻炼手指的力量。

温馨提示：

1. 什么是“常规”：即日常要遵守的规矩。例如，离开座位时将椅子靠近桌子、脱鞋后将鞋脚尖朝外摆好、进餐时不离开餐桌到处乱跑、上完洗手间知道要冲水，以及学习等待、轻声说话、不插嘴等等。

2. 这个时期的孩子，会出现更多的自主情绪。不要一味满足宝宝的要求，而是应该开始通过一些日常行为，帮助他建立秩序感，养成一定的生活习惯。

3. 当宝宝自由在家中行走时，仍然应密切关注他的一举一动，并确保环境安全，例如，所有墙面、墙角的插座都应插上“婴儿插座”，防止宝宝擦拭插座时，将手伸进插座孔，导致危险；所有的桌角都应保证没有尖锐物弄伤宝宝等，为宝宝的探索和自由活动提供保障。

2.13 婴儿们的“自助”服务

◆**游戏名称**

游戏72：干杯吧

游戏73：小猫洗脸

◆**游戏目的**

1. 培养孩子独立自理能力，提高自我服务意识。
2. 训练用杯子饮水的技巧。
3. 发展梳洗的自理能力。

◆**游戏时间**

每日至少两次。

◆**游戏准备**

单耳杯，小脸盆。

人是世界上最聪明的生物，总是能够想方设法地制造各种器具，为我们带来方便。你想走得远一点儿，不用骑马跑得半死，买张机票很快就到了；你想书信寄情鸿雁往来？OUT了，现在都是飞信；你想和这个人老死不相往来，点一下键盘直接拉入黑名单，让他这辈子也别想找到你。

要想生活更加简捷，你就必须学会使用“工具”。

淇淇已经18个月了，她开始了解周围各种物品的用处，并学习使用它们，为自己服务。

婴儿们的学习能力很惊人，完全超过了成人和老人，你有的时候甚至不明白，他们是怎么弄懂这些复杂的工具的。婴儿们会自己开电视，播放动画片；会告诉奶奶加热牛奶应该按微波炉的哪一个键；甚至也知道让榨汁机停止工作最简单的办法是拔下插头……

婴儿们是学习的天才，这些生活经验都来自于他们敏锐的观察力和杰出的模仿能力。

如果你能明白这一点，你尽可以大胆地教给婴儿们任何你想教的东西，教婴儿比教老人要容易得多。

婴儿们无所不能。

游戏72 干杯吧

没有经过训练的婴儿们，一直到了两岁半，上幼儿园了还不会自己用杯子饮水，他们需要奶嘴。

这真是很懒的妈妈才会带出来的孩子，懒妈妈们怕婴儿将水洒到身上，干脆就不让他们用杯子了，大家都省事儿。

你别以为“喝水”人人都会，对于婴儿来说，这还真的特别难。难不代表你就不需要学习了，这些生活技能的训练，都是锻炼孩子大脑能力区域的方式，四肢灵活的人，头脑必定不简单。

（一）杯子歌：让婴儿了解杯子，喜欢杯子，愿意尝试用杯子饮水。

圆口圆脸圆身体，（用食指沿着杯口划一圈）

大耳朵，胖肚子，（用手指向杯耳、杯身）

装水装茶装果汁，（一手拿着杯子，一手张开做“倒水”状）

碰碰杯，喝一口，（做饮水状）

妈妈宝宝美滋滋。

（二）摸杯子：示范，鼓励孩子伸出食指，从杯口到杯身轻轻抚摸一遍，并教导孩子用单手抓握杯耳。(图72)

图72 干杯吧

拿杯要抓大耳朵，（指向杯耳，引导孩子抓握）

喝水要亲杯子口，（示范嘴靠近杯口）
举杯抬头喝一口，（做喝水状）
一口一口慢慢喝。（重复动作）

当孩子接触某一件事物，并要了解这件物品性质的时候，大人都可以引导孩子对这个物品进行触摸，因为，3岁以下的婴儿通过触觉来进行学习，这是十分快速的一种学习方法。他们通过触摸可以知道物品的形状、材质、大小等，并由此对物品的使用产生相应的联想。

刚开始学习单手拿杯喝水的时候，千万不要真的往杯子里面添加水，因为婴儿们还没完全掌握这个饮水动作，也把握不住饮水的角度，很容易将水洒在身上，而造成恐慌，你仅仅只需要让孩子观察和了解杯子，模仿拿杯的动作就可以了（单手拿杯），如果能够达到，则可以往杯中添加三分之一杯饮品。

（三）喝一杯：训练孩子能够单手拿杯饮水。

淇淇喜欢用双手拿杯子，我只好给她一个小玩具，放在她一只手的手心里，让她只能用另一只手拿杯子（如果玩具吸引了孩子的注意力，则应放弃玩具，改用手轻轻抓住孩子的一只手）。

刚开始，淇淇并不能控制入口的水量，动作太猛，杯里的水溢到嘴角、脸上、脖子上、衣服上——这些都没有关系，我并不指责淇淇，失败是成功之母。我提醒淇淇，喝水的时候，要将头部微微向前倾，并示范给她看，反复练习几次，淇淇便掌握了这个要领。

游戏73 小猫洗脸

婴儿们的某一种能力，在某一个阶段，会有一个爆发性的发展。在淇淇身上，很快证明了这一点。

自从她可以单手拿杯喝水之后，她觉得自己已经开始很有“大人”味了，没有什么是她不能办到的。我们开始练习“洗脸”。（图73）

（一）故事《爱干净的小猫》：通过讲述故事，教导孩子要爱清洁，讲卫生，自己的事情自己做。

小猫花花从来都不洗脸，因为它很懒，一点儿也不想学习怎么洗脸。小猫花花找小狗玩，小狗说：“太脏，太脏，我不和你玩。”小猫花花找小兔玩，小兔说：“太脏，太脏，我不和你玩。”小猫花花一个朋友也没有，因为大家都不喜欢和不洗脸的伙伴在一起。小猫花花想学习自己洗脸，可是，怎么洗呢？

你看，连猫都爱干净。

图73 小花猫洗脸

（二）情景模仿《学洗脸》：准备两个小脸盆、两条小毛巾，妈妈和宝宝面对面，一起玩这个游戏。

A. 妈妈先示范将双手放入脸盆内，沾湿双手。

B. 用湿了的手拍脸。

C. 用小毛巾擦脸。

淇淇很乐于模仿我的动作，而且做得很好。当这三个步骤都掌握了以后，我便带淇淇到洗脸池边上，让她站在小凳子上（让孩子足够高），在洗脸池内放一些水（三分之二洗脸池），鼓励淇淇将双手放进水里，自己洗脸。

从此以后，我们坚持每日3次这样的练习，用于巩固这个技巧，培养这种习惯。

今天天气真好，
小宝宝起得早。
喝喝水，咕噜噜，
洗洗脸，唰啦啦，
干干净净去玩耍。

淇淇每天都洗澡，洗澡的时候更加适合玩这个游戏。学习，是要抓住时机，随时随地的，妈妈们要有这样的教育的自觉性，能够将训练目标渗透在一日生活中，才是最高明的育儿手段。

延伸游戏

1. 洗脸歌

通过儿歌中歌词的提示，帮助孩子掌握洗脸的要领，进一步提高洗脸的动作技巧。

洗脸，洗脸，洗洗脸，（双手五指打开，放在脸部前方）

洗洗额头，洗洗脸蛋，

摸摸耳朵，摸摸耳朵，（依次左右摸耳）

宝宝的小脸洗得真干净。

2. 漱口歌

杯子除了用来喝水之外，还可以用来漱口。往孩子杯子里添加煮开的温水，以防止孩子将水吞入口中，让孩子学习漱口。

漱口，漱口，漱漱口，（拿起单耳杯）

轻轻喝一口，咕噜噜噜噜，（低头做喝水状）

然后吐出去，呼——（伸头吐水）

牙齿里的细菌都被冲走啦！（龇牙）

温馨提示：

1. 在教孩子单手拿杯饮水时，杯内只可反复添加少量的饮品，可以用果汁、奶品、糖水等，激发婴儿主动饮水的兴趣，完成这次练习。练习的次数，以饮水量不超过一小口杯为准。

2. 什么是“单耳杯”：只有一个耳柄的杯子。

3. 训练孩子练习单手拿杯的基础是孩子已经能够双手拿杯。

2.14 能不能不说“不可以”

◆游戏名称

游戏74：别说“不可以”

游戏75：扔皮球

◆游戏目的

1. 明确大人的指令，知道凡事皆有规则，并服从指令。
2. 知道至少3个投向，能够将球扔出。
3. 能够理解指令性的语言“不可以”和“请你”，并作出适当的反应。

◆游戏时间

每日至少做2～3次。

◆游戏准备

皮球，小椅子。

读中学的时候，历史老师说“直立行走”是人类最伟大的进化，是我们和普通动物最大的区别。灵长类的猩猩和猴子，和我们很像，但是我不愿意相信我们是猴子变的。

淇淇也不愿意相信这一点，因为她觉得猴子长得实在太难看了，她甚至不愿意和动物园里的猴子打招呼。

我也为此很烦恼，想不通。可我更加烦恼的是，一岁半的淇淇也已经能够“直立行走”，并且独走自如，甚至喜欢踮脚走。一岁零一个月的时候，淇淇刚刚学会行走，我们觉得十分欣喜，大大地庆祝了一番。可是，我们并没有意识到，可怕的一切才刚刚开始。

你的眼睛一分钟也不能离开淇淇，一岁半的她显示出旺盛的探索欲望，她对世界的无知，使得她对周围的危险视而不见。

很多孩子都不能判断危险，这和教育有关。

我曾经见过这样的社会报道，说几个放假在家的孩子，将床单或者浴巾系在脖子上当斗篷，然后从高楼的窗户跳下去，他们认为自己可以像超人一样飞。

所以，看完这个报道以后，遇到一些动画片或者影片，我都必须自己先看过一遍，再和孩子一起看，看完之后还要小结一下内容，这一点很重要。

教育孩子保护自己，远离危险，并不是说一句“不可以”就能够达到的。

游戏74 别说“不可以”

当孩子能够支配自己的行为，四处游荡的时候，大人们挂在嘴边最多的就是“不可以”。但是，孩子好像不听话，你越不让他做什么，他们就非要做什么，大人不明白，小孩子怎么这么拧，这么喜欢唱反调呢？

其实，不是孩子爱唱反调，而是你给出的指令不对，孩子的理解能力与大人相比较低。

你叫住一个孩子：“不要走到马路中间去！”这里面有“两个”要处理的信息，一个是“不要”，一个是“走到马路中间”。孩子听到指令的瞬间，他的大脑对这个信息作出了快速的、“半吊子”的选择：“走到马路中间去”，他就走过去了。

所以，对于3岁以下的孩子，你给出的指令应该是正面的，你应该说：“请走到马路旁边来！”

为了让淇淇对正面的信息作出适应的反应，我有意让她听更多的指令，完成系列的动作要求。(图74)

请你坐在椅子上，抬头挺胸朝前看，（和宝宝面对面做动作）
伸伸手，站起来，踢踢腿，坐下来。
绕着椅子转个圈，再请宝宝坐下来。
站起、坐下、站起、坐下，你真棒！

图74 自由自在我最爱

训练孩子听从你的指挥，其实并不难，这个和训练宠物差不多，你将简单的动作编成有趣的系列，引导孩子跟随你的节奏完成这些动作，在这个过程中，我们并不在乎孩子能够完成多难的动作，我们也没有必要设计难的动作，因为，游戏的重点是让孩子“听话”，也就是对正面的“信息”作出正确的回应。

游戏75 扔皮球

“球”是孩子最喜欢的玩具之一了，但是，在孩子生长的不同阶段，“球”的玩法也不尽相同。

1～2岁的孩子只能练习“滚球”，知道大致的方向，将球沿着直线推出去，让球能够到达目的地，“推”就是孩子要学习的动作。2～3岁的孩子则更多地练习“扔球”，并且能够完成至少3个投向的“扔球”，“扔”是一个绝对需要训练的技巧，因为孩子扔球的时候，拿球的手必须过肩，才能真正让球在面前呈现一个抛物线，落在远处。很多孩子都不会扔球，他们做足了姿势，最后将球砸在自己脚底下。3岁以上，球的玩法就显得更多了。孩子们可以练习“抛接球”和“拍球”等等，这显然需要更多的技巧。

我和一岁零十个月的淇淇一起玩“扔球”，除了让她掌握这个动作要领之外，更重要的是，训练淇淇能够听从正面的指令，懂得3个投向，这还真的和训练一只军犬没有什么区别。

你肯定不能对孩子说：“请将球扔向北边，扔向东边——”除非你先教会他认识指南针。对于孩子来说，辨别方向最好的参照物是具体的实物，因此，指令应当这样发出：

“请你将球扔给妈妈。”妈妈站在房间的东边位置。

“请你将球扔给爸爸。”爸爸站在房间的西边位置。

“请你将球扔到窗户那儿。”窗户在房间的南边位置。

你会发现，孩子在3岁之前，更加愿意服从正面的指令，如果你反过来，说：“请不要将球扔给妈妈”，那么结果一定是，孩子愣了一下，要么不知所措，要么继续将球扔给妈妈。(图75)

小皮球，圆又圆，（和宝宝面对面坐在地上，摸球）

推出去，给宝宝，（示范双手沿直线推球）

推回来，给妈妈，（鼓励宝宝模仿将球推出）

推得重，滚得远，
推得轻，滚得近。
妈妈宝宝滚皮球，
宝宝乐得笑呵呵。

图75 扔皮球

如果孩子确实不能完成“扔”的动作，也没有关系，可以退一步玩“滚”的游戏，不断地改变方向，可以两个人玩，三个人玩，以及四个人玩，让宝宝能够知道更多的方向，听从大人的指令而行动。

● 延伸游戏

1. 绘本故事：《大卫不可以》

讲述绘本故事《大卫不可以》，让孩子初步了解周围环境的生活规则，知道什么事情不能做，什么事情可以做，并且学习服从大人的指令。

2. 洋娃娃和小熊跳舞

选择家中的两样毛绒玩具，和孩子一起模拟舞会中的情景，妈妈扮演洋娃娃，孩子扮演小熊，洋娃娃和小熊抱在一起，妈妈向小熊提出要求：“不要踩到我的脚”、“不要搭着我的肩”等等，让孩子明白“不要”的意思，并且能够作出相应的反应。第二次游戏时，则换一个说法：“请你踩着我的脚”、“请你搭着我的肩”。

温馨提示：

1. 在引导孩子回避危险时，尽可能不使用“不可以”的字眼，而替换成

“你应该”，让孩子熟悉和了解你讲话的方式，领会你表达的意图，并作出正确的行为回应。

2. 在家中尽量使用类似“请把叉子放下”这样的指令性语言，而不是“不要碰叉子”。

2.15 爬来爬去的家伙

◆游戏名称

游戏76：阳光隧道

游戏77：野外童子军

◆游戏目的

1. 提高宝宝手脚协调能力。
2. 训练宝宝能够通过调整自己的动作来适应不同的情景要求。

◆游戏时间

孩子精神愉快的时候。

◆游戏准备

不同长度、高度、透明度和不同障碍的爬道。

人的想象力很丰富，希望能够通过“时间隧道”穿越过去、现在和未来，这就等于穿越“未知”，穿越太阳黑洞，隧道的另一边可能是无尽的未知。

未知是让人恐惧的。

我听一个妈妈说过，她18个月的孩子很害怕家中有“小洞洞”的地方，下水道或者空调管道，他通通要你封上。

对于我们未知的恐惧的事物，逃避肯定不是最好的办法，因为你越想躲的，就最容易碰上。我们要求孩子成为一个勇于面对、勇于尝试的人。

练习钻爬就是这样的游戏。

不要小看每一个孩子的游戏，因为这些精心设计的游戏锻炼着孩子的品质。

钻爬的练习可以在家里，也可以在游乐场或者麦当劳、肯德基的儿童游乐区进行。

我们先出去看看，儿童游乐场的钻爬玩具是什么样的，有的像一只扭动的毛毛虫，有的是整体的大型玩具，和滑梯、攀登架等连在一起。

游戏76 阳光隧道

有一些孩子并不想尝试钻爬，因为他并不确定自己是不是可以从这一头到达那一头。淇淇也是一个很小心谨慎的女孩，她长时间站在钻爬玩具旁，观察别的小朋友，但是自己却并不尝试。对于胆小的孩子，我们不能心急，你越着急，他越不愿意爬进去。

小火车，呜呜开，（拿一辆玩具火车给宝宝看）
穿过风，穿过雨，（玩具小火车在地上开来开去）
穿进山洞躲风雨。（将“火车”开进钻爬玩具）
风停了，雨停了，（让小火车在“山洞”里停留一会儿）
小火车，出山洞！（将玩具火车开出山洞）

淇淇很愿意带着小火车一起进山洞，但是爬进“山洞”和在地上爬来爬去是不同的。山洞里的空间更加狭小，山洞甚至有弯道，你必须调整自己的动作，调整自己的高度、钻爬的姿势、钻爬的速度、钻爬的方向——天啊，听起来真是复杂，做起来也一样很复杂。

淇淇对钻爬玩具中短暂的黑暗感到恐惧，幸好现在的钻爬玩具充分考虑到了婴儿们的心理，在弯弯的隧道上会有许多的小圆孔，淇淇每爬一步，就能将手伸出圆孔，能够找到妈妈的手，这样能够有一些安全感。

在孩子钻爬的时候，你可以不停地和他说话，让他想象自己是小火车，是毛毛虫，这会分散胆小孩子的注意力。(图76)

图76 穿越阳光隧道

嗨，淇淇，妈妈在这儿！妈妈在这儿！

我看见你了，你就像小火车，你爬得真快!

当淇淇千辛万苦爬出隧道的时候，我快速地给了她一个拥抱，她战胜了自己，这是一个伟大的时刻，我为此感到骄傲。我亲吻她的脸颊，“你真是太棒了！你愿意带着这只小毛熊一起爬隧道吗？它很害怕。”

当一个人害怕的时候，需要伙伴。就像有一些孩子，一个人总是睡不着，需要一个布娃娃陪伴着入睡，这样会更有安全感。

带着玩具小熊，甚至带上妈妈的钥匙扣，淇淇一遍又一遍穿越了隧道。

也有一些适应能力强的孩子，他们很自然地投入到钻爬运动中去，而且开心得很，丝毫不用妈妈操心。

人和人怎么就这么不同呢？

游戏77 野外童子军

在家里一样可以训练宝宝的钻爬能力，但是你要整出一块场地，不介意的话，可以像我一样，用餐桌。

我的餐桌是一个长方形，欧式的，这样让我非常费劲。因为我要用一大块布将整张餐桌盖起来，这样，我只好去拆下窗帘。

窗帘盖在餐桌上，桌子地下马上就变得黑暗无比（可别真的盖到地板，要留着一条边，让光线透射进来一些）。不错啊，我自己很喜欢，如果淇淇爸爸不反对，我甚至愿意打个手电筒在桌子下面看书。

我在桌子的四个角都绑上一个玩具，带着女儿淇淇从桌子的这一头爬到那一头，每当找到一个玩具，我们就在桌子底下偷笑。

如果家里没有这样的长方形餐桌，你可以用高点的餐椅，把所有的餐椅连接起来，就是一个隧道。(图77)

和妈妈一起钻爬，改变了淇淇对黑暗的恐惧。

我们先在桌子底下打着手电筒聊一聊天，这很愉快，有了这样的经验，在每晚睡觉之前，淇淇甚至可以做到从被子的这一头钻爬到被子的另一头，当你惊讶地发现，天啊，头怎么变成了脚的时候，她便开心地哈哈大笑。

但是这并没有达到我的目标。

我要增加钻爬的难度。

（一）规定路线：我沿着桌底，用地垫拼出一条路，淇淇只能沿着这条路爬行。

图77 野外童子军

（二）设置障碍：我在桌底的地垫路上，摆放了一个枕头、用拖鞋拦断路面、一个踩下去会发出叫声的塑料鸭子、在桌面底用透明胶悬挂几个玩具，当淇淇爬过去的时候就会碰到它们。

（三）情景设计：用故事的方式引题，将设置障碍的任务交给孩子。

一只小老鼠，要出门寻找自己的朋友，走着走着，它进了一个黑乎乎的山洞，它遇到了一块很滑的石头——用什么来当石头呢？

拖鞋！

你真聪明，我们用拖鞋当石头。小老鼠继续走，又遇到了……

故事总是可以编得下去，能够利用的东西也很多，无形之中开拓了孩子的思维，使孩子更加富有创造力，并且能够利用身边的物品创设游戏的场景，这对于将来他长大时很有帮助，无论是独立游戏时自己对游戏内容的创设，或者是集体游戏时对游戏情节的设计，他都将能够是一个很优秀的游戏组织者和领导者。

这个钻爬的游戏故事编完之后，我们也完成了游戏场景的布置，淇淇很乐意当这只老鼠，熟悉的场景对于这一次的钻爬行动来说，显得十分顺利，容易成功。

这些障碍设计为钻爬练习增添了许多乐趣，也使得这个游戏更加富有挑战性。

在家里玩钻爬游戏的后果还是比较严重的，一团乱糟糟的情景，满地的玩具，可能会让孩子的爸爸抓狂，如果你有幸和婆婆一起住，你千万要记得游戏结束以后收拾清楚，不然你的耳朵会被婆婆叨出茧子。

延伸游戏

1. 捉尾巴

孩子刚会爬的时候很喜欢爬来爬去，会走路以后就不爬了。“爬”是一项十分好的运动，可以在孩子和自己的裤子后面系上一条纱巾，玩“捉尾巴”的游戏，捉尾巴能够让爬行更加有趣味性，同时提高孩子的手脚协调能力。

2. 杂技表演

钻爬也需要大肌肉的力量，为了锻炼孩子手臂和腿部的大肌肉力量，可以在家和宝宝玩一些“掰手腕”、“拉拉链”、“单脚站”等游戏，帮助孩子增强大肌肉力量和反应能力，从而提高钻爬水平。

温馨提示：

1. 因为每一个孩子的个性气质不同，有一些孩子初次钻爬时很开心，有一些则会退缩哭泣，或者寻求大人的协助，这些都很正常，不要因此强求孩子在短时间内达成目标。

2. 可以通过观察宝宝钻爬时的速度（连贯的、停顿的、边爬边看的等）以及钻爬时的反应能力（随时会调整姿势），来判断孩子是否具备良好的协调能力，不断增加钻爬难度。

3. 玩游戏二时，如果要用到桌布或者窗帘，要事先清洗和消毒，避免尘螨影响孩子的呼吸道健康，而且要十分注意安全，提醒孩子尽可能观察环境，保护自己，不要撞到桌脚或者椅子。

Chapter 3

第3部分

2～3岁的宝宝这样玩

3.1　手指上的旅途时光

◆**游戏名称**

游戏78：宝宝拿锤子

游戏79：你有10个手指头

游戏80：机器人

◆**游戏目的**

1. 通过游戏的方式提高宝宝的背数能力。
2. 锻炼宝宝的点数能力。
3. 发展宝宝口手一致的语言与动作匹配能力。

◆**游戏时间**

旅途中或在其他需要等待的时光中。

◆**游戏准备**

无。

我最喜欢带2岁的淇淇出门，不是在附近转转的那种“出门”，而是走远一点，有多远走多远。古时候的人说：读万卷书不如行万里路。你看那些两耳不闻窗外事的书呆子，他不看山看水，画出的笔墨永远缺少灵气；他“书中自有黄金屋”，你真给他100元钱，他不知道买两颗白菜还能讨价还价。

我要带淇淇出去，不论是什么路，都是走出来的。

可是带着孩子出门，最最讨厌的就是无聊旅途中的纠结。你要乘坐至少2个小时的车，或者更久。你不能买副扑克，和2岁的女儿靠打扑克打发时间吧？你也没有办法买吨“胖大海”，一路上讲故事。就算你想讲，她还不想听呢！

所以，作为一个无所不能的妈妈，你的脑子里要装满游戏，装满大大小小的无限创意，在你和孩子之间，你一定要是那个“智者”，无论遇到哪一种情况，你都得心应手，你根本就不需要随身携带什么“锦囊”，你本身就是“锦囊”。

每次淇淇跳到我腿上、抱着我的时候都是她最无聊的时候：“妈妈，我们玩什么？”

我从来都不会说：“玩什么？妈妈不知道，不如你想吧。”

我也不会说：“哪有那么多东西玩？你看看窗户外面的风景，时间就过去了。”
我更不会说：“一天到晚都想着玩，没事干的时候闭上眼睛去睡觉。”
我在任何时候都会有办法。

游戏78 宝宝拿锤子

孩子经常会攥起自己的小拳头，让你猜一猜他哪一只手里有硬币，而你总是故意猜不着，她便哈哈大笑。你实在无聊的时候，就可以玩自己的手，手的玩法有很多种，而且，每一种都能玩很久。感谢时间，让人类在进化的过程中能够拥有两只手，和对称的10个手指头，它们确实非常有用。而且，我们还可以在游戏当中加上我们的脚，脚也能玩。(图78)

图78 我有两个小锤子

淇淇拿锤子，锤子锤钉子。（右手握拳当锤子，左手食指当钉子）
一把小锤子，锤了一整天。（右手握拳在左手食指上敲击）
淇淇拿锤子，锤子锤地板。（双手握拳，敲击双腿膝盖）
两把小锤子，锤了一整天。
淇淇拿锤子，锤子锤箱子，（双手握拳上下挥动，同时右脚跺地）
三把小锤子，锤了一整天。
淇淇拿锤子，锤子锤柜子，（双手握拳，再加上双脚）
四把小锤子，锤了一整天。
淇淇拿锤子，锤子锤墙壁，（双手握拳，手脚踩踩地面，点头）

五把小锤子，锤了一整天。

淇淇累极了，马上睡着了！（双手握拳做揉眼状，双手向下摊开放松，闭上双眼）

两岁多的淇淇非常喜欢模仿这个游戏，从最初的一个拳头，到两个拳头，到加上单脚、双脚，甚至是头部，动作似乎越来越复杂，说实话，这个游戏对于孩子来说，还是挺难的。刚开始的时候，你必须念得慢一些，让孩子的动作能够跟上你的语速，也正是因为有一些难，而且需要调动全身的“大零件”，淇淇显得十分有兴致。2岁的孩子都很喜欢支配自己，而不是被别人支配，他们认为自己的手和脚能够做许多和大人一样的事情。

游戏79 你有10个手指头

玩拳头就够你和孩子折腾一阵子的了，但是，这种“全身运动”重复做3～5遍就已经显得有些多了，你可以换其他的游戏玩一玩，再回到拳头游戏上去，既可以保持“拳头游戏”的新鲜感，又能放松一下孩子神经，毕竟要一直保持手脚协调、语言和动作一致，是一件需要精神高度集中才能完成的事情。

于是，我让淇淇摊开手掌：“嗨，淇淇，你的手指头变少了，快数一数。”

淇淇便很认真地数起来，从1开始，数到10。确实是10个手指头，并没有减少。那么，帮妈妈也数一数，看看妈妈的手指头是不是都在呢？淇淇又认真地帮妈妈也数了一遍：谢天谢地，一个也没有少。

孩子真的非常非常好骗，看着淇淇认真点数手指的样子，我开心得不得了，开心就要大声笑出来，不能憋在肚子里，否则会憋出内伤的。（图79）

图79 快来数一数

一个手指，一个手指，点点头；（依次伸出左右手的拇指）
两个手指，两个手指，小兔跳；
（依次伸出左右手食指和拇指放头上）
三个手指，三个手指，喵喵喵；
（依次伸出左右手中指、无名指和小指，放在两侧脸颊旁）
四个手指，四个手指，飞得高；
（依次伸出左右手大拇指外的其余四指，放 在身体两侧做鸟飞状）
五个手指，五个手指，青蛙跳。
（张开双手五指，向上屈伸）
1，2，3，4，5，（点数左手手指）
1，2，3，4，5。（点数右手手指）
左手拍右手，10个手指头。（手掌对击，撑开食指向外推）

有一些2岁的宝宝能够从1数到10，依次点数。有的不能，他们连5以内的数都不能准确点数，他们总是说得快而数得慢，口手不能一致。所以，我们可以分开数，一边手掌是5个手指，另一边手掌也是5个手指，它们是一样的，这一点很重要，因为双掌对击，重合的五指能够让孩子体验到什么是“平均分”，知道两边的数量是一样的。

一般3岁以内的宝宝，能够进行5以内数的准确点数、能够口手一致，就已经很了不起了。所以，这个时期如果学习数字儿歌的话，数到5也就够了。

而有的宝宝不是这样，他们对数字很敏感，也喜欢数数，这就好比有一些人，他们看到一款机器的时候，不是关注这款设备的外观，例如豆浆机，而是直接去想象它运转时内部零件的构造。我们可以给这样的宝宝更多抽象的东西。

游戏80 机器人

孩子们对事物的认知顺序，和他们心理发展顺序是一样的，都要经历“具体的—半具体的—抽象的”这么一个过程。而要从具体跳跃到抽象，联想能力是一个关键。

淇淇也是这样，你让她表演一下赛车，她不会,因为她没有赛车的概念。但是，如果你给她一辆赛车和遥控器，找到开关，甚至拆开赛车，痛快玩一把，再让她表演，她会得心应手。

抽象的认识，有时候不但得益于联想，也来自于经验。

既然旅途中没能带太多的玩具，却又需要玩更抽象而有趣的游戏来打发时间，我只好回忆淇淇曾经玩过的玩具，用它们来设计新的玩法。

我说："妈妈累了，需要休息，请你帮妈妈关上开关吧。"

赛车跑不动的时候就需要充电，休息是静止的，这样可以骗孩子安静一会儿，控制自己不说话。

妈妈的开关也许在耳朵上，或者在鼻子尖上，随便。

但这仅仅只是游戏的铺垫，你不要指望孩子会让你休息很久。

再次睁开眼睛的时候，就是"机器人"游戏开始的时候。(图80)

图80 我是小机器人

我是一个机器人，（双手五指并拢贴在裤缝边）

要我唱歌点鼻子，（伸出右手食指点自己鼻子一次）

和我照相摸下巴，（伸出右手大拇指和食指，托住下巴）

请我跳舞说OK，（伸出右手三指，做OK状）

拉我逛街靠边走，（右手四指并拢，大拇指回收，向右推掌）

跟我再见亲嘴巴。（伸出右手，轻拍嘴唇做飞吻状）

唱歌、照相、跳舞、逛街，再见！（回忆并一次做出相应动作）

这样的手指游戏坐在座位上就可以完成了，根本不用站起来走动，也不会影响其他的乘客，是一个非常低碳环保的游戏，而且充满快乐。

孩子能够记忆动作，和联想能力也是有关系的，还需要快速反应——我们做一件事情，要调动很多脑细胞，而不是一个。这就好比公司的老板说"明天把电梯维护一下"，这可不是一句话那么简单，也不是"一下"真的能解决。

我很喜欢带淇淇去科技馆或者博物馆，她可以看到解剖开的一些设备，尤其着迷于齿轮和齿轮之间的联系，着迷于多米诺骨牌效应，着迷于光和影的游戏。

延伸游戏

1. 把你的肩膀放进来

这一个可以在旅途中玩的游戏，也能在家里玩，或者在户外和伙伴玩。只需要很小的空间，2～3个人，就能够玩起来。你可以像我一样唱，也可以自己编，还可以改歌词，只要是你能够想得到的身体部位，都可以编成歌词唱出来，头、胳膊、后背、膝盖……

3 2 | 1 3 | 2 2 | 2 – | 2 2 2 | 1 3 | 2 –¶

把你的 肩膀 放进 来，甩甩甩 甩甩 甩

把你的 屁股 放进 来，甩甩甩 甩甩 甩

把你的 小手 放进 来，甩甩甩 甩甩 甩

把你的 小脚 放进 来，甩甩甩 甩甩 甩

2. 蹲啊蹲

这个游戏也很“桌面”，它类似综艺节目中玩的“萝卜蹲，萝卜蹲，萝卜蹲完白菜蹲”，但是玩法不一样。因为3岁以下的孩子不能够对自己的“新名字”快速适应，并且作出反应，他们需要更直观地去玩这个游戏。你可以把旅行袋中所有你能用到的东西都拿出来，例如饼干袋、塑料水杯、纸巾包、奶粉罐。取出3～5样东西，摆在桌子上，让宝宝根据你的提示，用手指按倒你念到的物品，例如：奶粉蹲，奶粉蹲完纸巾蹲（用手指按倒奶粉罐和纸巾包）。

温馨提示：

1. 游戏可以穿插玩，一个手指或肢体玩2～3遍后，可以换第二个游戏，保持宝宝对游戏的兴趣。

2. 如果宝宝不愿意用肢体进行游戏，家长可以自己唱手指谣，自己表演，宝宝看多了，也是一种经验，当她对某一个游戏熟练起来以后，就愿意参与了。

3. 在念手指谣时，语速要慢，给孩子足够反应的时间。尽量不要单句一直重复，而是从头到尾连贯念诵和表演。

3.2 属于你，还是属于我

◆**游戏名称**

游戏81：我就是我

游戏82：排排坐，分果果

◆**游戏目的**

1. 提高宝宝语言能力，丰富其词汇。
2. 使宝宝能够明白和运用代名词。
3. 发展宝宝在谈话中明白和表达拥有物的能力。

◆**游戏时间**

每日至少有10～15次的机会进行练习。

◆**游戏准备**

宝宝熟悉的日常物件。

淇淇的爸爸说：“曹植5岁能作诗，淇淇现在快3岁了，应该陶冶一下。”我问淇淇爸，你打算怎么陶冶？他说，通俗的大众做法是：背诵《唐诗三百首》。

于是，淇淇开始在家里踱来踱去，从“白日依山尽”到“床前明月光”，背是背了，但是不懂什么意思，即便是你解释了，以淇淇的心智，也很难理解此情此景此物。背唐诗最没有意思了，我对淇淇爸说：“如果你能教会淇淇背宋词，那才叫厉害。”

淇淇与其劳神费力地记诵这些自己根本不能会意的东西，不如学习一些她能理解的诗歌。

我是好妈妈，你是好宝宝，（分别用手指向妈妈和宝宝）
宝宝和妈妈，出门去玩耍，（抱起宝宝）
门口遇见谁？原来是爸爸。（耸肩表示疑问，再指向爸爸或照片）
爸爸，我和你，永远不分离。

在这一个阶段，淇淇首要搞清楚的是称谓代词：你、我、谁。在表述或者交谈中，这是使用率相当高的词。

可是两岁的淇淇很迷惑，什么是“你”，什么是“我”？如果淇淇想证明某一件物品的归属，她会说：“这是淇淇的鞋子，这是妈妈的鞋子。”而不是“这是我的鞋子。”要想将这些称谓换成“你”、“我”，还真的需要动一些脑筋。

游戏81 我就是我

“我”是最最重要的人称代词，很多年前春晚上有一首歌是“像雾像雨又像风”，这首歌就很能说明，人是捉摸不透的个体，独一无二。而在“我”所期待、“我”所回忆、“我”所拥有等事物的排列中，婴儿们最能理解的就是“我”所拥有。

两岁多的婴儿们有着很强烈的占有欲，当他们意识到自己的存在有着非凡的意义的时候，当他们的这种自我意识开始膨胀的时候，他们变得“自私”，他们把所有的玩具都扒到自己面前，他们不愿意分享。

这是一个很正常的心智发展过程中表现出来的阶段性特征，而也只有在这个时期，教婴儿们学习使用“我”这个词汇，才最有效。

（一）关于“我要”的练习

1. 准备数件玩具，爸爸、妈妈和宝宝围坐在一起。

2. 当爸爸拿出一件玩具时，问“谁要玩具车？”妈妈立即回答：“我要。”然后爸爸将玩具递给妈妈。

3. 让宝宝模仿妈妈，回答提问，必须说出“我要”或者“我”时，才能将玩具递给她。

（二）关于“我的”、“是我的”的练习

1. 收集家庭成员所拥有的物件，例如爸爸的眼镜、妈妈的耳环、宝宝的鞋子等。

2. 家庭成员围坐在一起，由爸爸或者妈妈进行提问。爸爸拿起一个耳环问：“这是谁的？”妈妈即回答：“是我的。”爸爸即将耳环递给妈妈。

3. 请孩子模仿妈妈。以同样的方式回答问题，直到所有的物件都问完。

（三）“给我”的练习

让宝宝记诵儿歌，和妈妈一起表演，通过动作的提示，领会什么是“我”。

《给五官》

把眼睛给我，把鼻子给我，（逐一指点对方五官，“我”时点自己）
把嘴巴给我，把耳朵给我，
把整个脑袋，都给我。（用手摩挲宝宝的头）

我是小宝宝，小宝宝是我。（用宝宝的名字代替）

可以给我吗？（再次问宝宝，无论宝宝点头或摇头，都亲亲她）(图81)

图81 谁是小宝宝

淇淇很喜欢我这样问她，每次我问她，她都摇头。她知道，这些五官都是“她自己的”，是不可以给别人的。

游戏82 排排坐，分果果

在淇淇基本能够运用人称代词，并能表达家庭成员的拥有物的基础上，我设计了更难的游戏内容，帮助淇淇巩固对这些词汇的理解。

（一）将一篮水果（10个左右）摆放在孩子面前，再选择3～5件玩具，排成一排。

一篮小草莓，请你分一分，

一人分一个，大家一起吃。

（二）示范如何分草莓，一边分，一边念诵：

你一个，（分给玩具）我一个，（分给自己）

你一个，（分给另一个玩具），我一个。（分给自己）

（三）请孩子模仿你分草莓，要求她一边分，一边说。

（四）当水果都分完了以后，和孩子一起说唱《分果果》的儿歌，培养孩子“分享”的精神。(图82)

排排坐，分果果，
你一个，我一个，
大家一起吃果果，
分享食物真快乐！

图82 这是我的，这是你的

人可能天生就有支配欲，婴儿们非常喜欢“分果果”这样的游戏，这能够让他们感受到“领导”的快乐，感觉有一些事情，自己是可以做主的。

当淇淇开始真正认清什么是“你的”，什么是“我的”之后，她大方地将自己拥有的玩具和书籍带出门，送给认识的和不认识的小朋友。支配自己拥有的东西，也是快乐的。

● 延伸游戏

1. 马戏团

准备一个指偶，一支笔，两个核桃，和宝宝面对面坐着，进行表演。注意语言的使用。

我是熊猫侠，我会演杂技，（出示指偶）
看我走钢丝，能走还能跳。（出示笔，表演指偶在笔上走）
我是熊猫侠，我会演杂技，
看我扔核桃，抛得高又高。（将核桃向上扔出）
哎呀呀呀呀，核桃没接住！（让核桃落地，表示沮丧）
请你帮我捡，（手指宝宝）
请你拿给我。（要求宝宝将捡起的核桃递给你）

谢谢你，好宝宝，（将“宝宝”换成她的名字）
我是熊猫侠，重新来表演。

2. **故事与情景表演：《小兔子别开门》**

讲述故事，并和孩子一起游戏。妈妈站在卧室门外，孩子站在卧室门内。

兔子妈妈要出门，交代小兔锁好门。
妈妈回来会唱歌，唱首兔子开门歌，
“小兔子乖乖，把门开开，快点儿开开，我要进来。”（演唱）
如果来只大灰狼，千万不要把门开，
问问他是谁？会不会唱歌？

在情景游戏中，妈妈可以表演两个角色，大灰狼和兔妈妈。敲门后，要求孩子提问：“你是谁呀？”然后才回答：“我是大灰狼。”

温馨提示：

1. 除了专门进行练习的时间之外，在日常生活中还要注意观察宝宝，看她是否能够分别使用“我的”、“是我的”、“我”等这些代名词来代表自己，判断宝宝的语言发展水平。

2. 无论在任何时候，只要宝宝错误地使用代名词时，就应当立即示范正确的答案，并要求她模仿。例如，孩子说：“淇淇吃。”妈妈应进行纠正：“淇淇要吃苹果？我也要吃。”用正面的示范反复让宝宝学习使用规范性的语言，不要大声呵斥宝宝，给免给她造成压力。

3.3　我和影子的游戏

◆游戏名称

游戏83：我们的影子

游戏84：谁属于谁

◆游戏目的

1. 宝宝知道物品的从属关系，并能够产生与物品关系的联想。

2. 宝宝具备初步的“配对”能力。

◆游戏时间

每日一次，每次10～15分钟。

◆游戏准备

影子游戏卡，茶壶、杯子、水瓶、塞子、锁头、钥匙等日常用品。

这个世界本来是很有规则的，有规则的东西看起来比较稳定。例如一个丈夫配一个妻子，一把钥匙开一扇门，一个地球配一个太阳——这是最简单的配对，叫做“一一对应”。

“简单”是一种最好的设计。

我给淇淇5把调羹，放在5只碗里，她很容易就能办得到，不用动什么脑筋，即便是让她给家里来的客人递一双拖鞋也十分简单，因为一双脚只能配一双拖鞋。

如果这个世界什么东西都是这么简单，生活就会变得畅快得多。例如结婚的时候，法律只允许你娶一个妻子，你就不会有三妻四妾大打出手的烦恼。

可是，世界并不是这样的，没有这么简单。

有的时候，一盏茶壶可能配了4个茶杯，一把弓可能配了3支弓箭，一张桌子可能配了6把椅子——在这个时候，“一一对应”似乎不太适用。宝宝们开始要去了解物品的从属关系了。

游戏83 我们的影子

对于2岁的淇淇来说，要想了解什么是“从属关系”，就一定要知道谁是“主体”，那么，从自己身上开始了解，是最适合不过的了。

（一）认识影子

我特意在有月亮的晚上，带着淇淇在楼下的小区散步，当月光洒在我们身上的时候，在脚旁出现了我们的影子，影子跟随着我们的移动，一会儿变长，一会儿变短，一会儿在我们前面，一会儿在我们后面——影子千变万化，但是始终只有一个。

妈妈的影子长又长，宝宝的影子短又短，
哪儿是肩膀哪儿是脚，哪儿是头发哪儿是手？
举高你的小手挥一挥，抬起你的小脚踢一踢，
扭扭你的屁股转个圈，找找你的影子在哪边？

孩子对新鲜的事物总是很感兴趣，为了强化淇淇对影子的认识，我编唱了一首小童谣。在念诵童谣的时候，一定要跟随童谣的提示，一边念，一边做动作。淇淇看见我的影子随着我的动作变化而变化，于是，她很明确，这是妈妈的影子，也就是说，妈妈的影子和妈妈是从属关系的。

淇淇也想尝试一下，自己是不是可以指挥自己的影子呢？于是，我放慢念诵童谣的速度，让淇淇能够跟上我的节奏，一起指挥影子变化动作。淇淇开心极了，原来影子也可以玩！

（二）踩影子

如果你踩在我的身上，我肯定会疼死的，可是如果你踩我的影子，没有关系，欢迎你，随便踩。

为了让淇淇分清谁是谁，分清哪一个是自己的影子，哪一个是妈妈的影子，我们需要先找到影子才行。当然，你要尤其注意站立的位置，这也是影子最有趣的地方，有的时候，它和你本身是重叠的，有的时候像“哈哈镜”一样变形，但是，你始终都还是能够分得清楚，这个影子，确实是自己的。(图83)

“踩影子”的游戏，实际上就是一个“光和影”的游戏，我记得伟大的诗人泰戈尔曾经写过这样的句子：“让孩子与孩子一起，做光与影的游戏，驾着白云的轻舟，欢度这清晓吉时。”

为了让对方不踩到自己的影子，你必须时刻调整自己的位置，缩短自己的影子，淇淇一旦踩到了我的肩膀或者手臂，我便假装疼得大叫，她就十分开心，哈哈哈地大笑。

别踩我的肩膀，别踩我的手，
别踩我的屁股，别踩我的腿，
影子在我前面，影子在后面，
路灯下的影子，就是我自己。

图83 踩影子

我们回到家里以后，在四面光辉的屋子里是找不到影子的，于是，我们只好想象一下，玩类似“踩尾巴”的游戏，也是有异曲同工的效果的。

至少，我们知道了，影子是属于我们自己的，“尾巴”也是。

（三）找影子

有了一个直观具体的印象之后，我们再来玩相关的一些的游戏，就显得更有趣味一些，因为可以联想到我们曾经玩过的一切。

我给淇淇准备了两张大卡片，让她为卡片中的人物找到合适的影子。这需要考验淇淇的观察力，观察这个人物的穿着和动作，然后找出那个与人物相匹配的形象。

这个看起来并不难，淇淇凭借敏锐的观察力一下子就找到了，这让精心准备画卡的我，感到一些沮丧，但是我很快找到了新的玩法，就是“模仿影子”，根据影子的形象，摆出相同的姿态。

这个就比较难了，而且也是寻找“对应”的一种方式。

作为一位腼腆的女生，淇淇的表现力显然不如她的妈妈我。我们很开心地拿出一张“影子卡”，然后摆出相同的造型，让对方来评价自己摆得像还是不像。

游戏84 谁属于谁

有了“影子游戏”做的铺垫，淇淇已经对物品的“从属关系”有了初步的概念，于是，我们进一步去加深这个理解。

这需要准备相当多的材料，来验证淇淇是否真正掌握了这个概念。

我在桌子上摆放了许多许多精细准备的物件：茶壶和杯子、牙签和牙签盒、锁和钥匙、充电器和电池、牙杯和牙杯盖、手机和手机套、汽车玩具和卸下来的4个车轮，甚至还有沙发垫和杯垫，让淇淇去进行配对。(图84)

图84 搭配我最行

这样的配对显得有一些复杂，因为它们之间的联系是复杂的，一盏茶壶可以配4个茶杯，4个茶杯可以配4个杯垫。2岁的淇淇要处理这些复杂的问题，不得不动一些脑筋。

在这个过程中，我并不打扰淇淇，而是让她独立完成。当淇淇对物品的从属关系产生困惑的时候，她看着我，试探我的反应，我也微笑地看着她，停顿5秒之后，我确定她不能进行准确的判断，于是，我用手指了指属于从属关系的两件物品，示意淇淇拿起来，并且说：“它们能开同一把锁，它们是一伙儿的。”

当你不确定的时候，动手检验是最好的办法。

孩子在每一个时期，都会对不同的事物产生好奇心，并且企图弄懂它们，有一些答案来自孩子自己的探索，而有一些答案则来自于成人的引导。

淇淇在这个时期，对物品的从属关系产生了兴趣，无可避免地，她问了我一个无法依靠探索得到答案的问题：

“妈妈，我和你是不是一伙儿的？”

这个问题真的很复杂，这里面有一个“孳息”的概念，我只好这么回答：

“当你在妈妈肚子里的时候，是妈妈身体的一部分，我们是一伙儿的；当你生下来以后，你像妈妈一样站在这里，有聪明的头脑和健康的身体，你就是你自己，你和妈妈不是一伙儿的啦！”

淇淇可能似懂非懂，但是，我必须给2岁的她这样的概念：她是独立的。一个独立健全的人，有着自己的思想，要对自己的行为负责，要通过模仿来获得经验，通过自己来获得成长，而不是依赖任何人。

● 延伸游戏

1. 零食大王

选择一些食品，当着宝宝的面，将它们进行分离，让宝宝知道这个食品被剥离的部分，是属于这个食品的，从而巩固从属概念。例如花生和花生壳、核桃和核桃壳、瓜子壳和瓜子仁、杏仁和杏仁壳、桂圆和桂圆壳等。

2. 它们少了什么

下载并打印一些宝宝熟知的动物的卡片，例如小狗、小猫、小兔、大象等，然后将动物的某一个部位去掉，将这些动物的部位都摆在桌面上，让孩子进行选择和配对，例如大象的鼻子、小兔的尾巴、小狗的耳朵，等等。

温馨提示：

1. 当教孩子认识物品的对应关系的时候，要先建立“一一对应”的认识，例如一只小熊背一个书包、两只小熊则背两个书包，当你确认孩子已经有了“对应配对”的能力之后，才可以让孩子进行更加复杂的从属关系认识。

2. 在你向孩子出示一系列需要他进行配对的物品后，如果孩子没有任何反应，只是单纯地拿起来握一握，则说明孩子还不具备这样的能力，也没有出现这样的配对意识，遇到这样的情况，则应当将物品都收起来，等孩子主动将杯子盖盖到杯子上时，再进行从属概念的教育。

3.4 神笔马良留下的笔

◆**游戏名称**

游戏85：美丽的春天

游戏86：长颈鹿的围巾

游戏87：添画花园

◆**游戏目的**

1. 能够完全掌握笔画笔道。
2. 掌握简单的画面布局，知道区别空间上、下方位。
3. 帮助孩子建立基础的审美能力。

◆**游戏时间**

每日2～3次游戏。

◆**游戏准备**

自制游戏卡，油画棒，水彩笔，自制青草和花朵贴纸，印泥，纸巾等。

涂鸦是孩子的天性，他们尤其喜欢往墙上画。我曾经在复式楼的露台专门为淇淇开辟了一块“绘画区”，并准备了齐全的绘画材料：水粉、油画棒、蜡笔、水彩笔、毛笔、排笔、洗笔筒——希望她每一次有创作欲望的时候，都可以利用这些材料施展她的绘画才华，在露台进行“创作”。

很可惜，人生的计划永远赶不上变化，你希望的事情总是很难发生，你不希望看到的事情又总是层出不穷。

无论你布置怎样的“绘画区”或者“作品展示区”，都无法抑制孩子心里的“魔鬼”，他们就是喜欢在房间每一面墙上留下他们的“大作”，而且，你似乎永远都搞不清楚，他是什么时候画上去的。

很多少年也有往墙上“涂鸦”的爱好，小胡同或者弄堂里的墙面，一夜之间就被一群踩滑板的少年涂成一幅诡异抽象的墙画。

我不怕孩子们到处乱画，就怕他们画出令我“揪心”的作品，这就好比一个人穿衣服，没有人管你穿得多还是少，就怕你红橙黄绿蓝混搭，混搭得让人看不下去。

既然“涂鸦”是孩子们的天性，我们就应该抓住这个天性，抓住孩子绘画的敏感期，让孩子不但“能涂”，还要“会涂”，涂出创造力、涂出想象力、涂出个性、涂出美。

涂鸦是一种文化。

游戏85 美丽的春天

相比之下，3岁之前的孩子喜欢“贴纸画”胜过“绘画”，因为贴纸画可以轻松简单地创作出完整的作品，例如，你让孩子往一棵画好的苹果树上贴苹果，她会很开心，这让她觉得自己很了不起，贴完以后的苹果树画面整洁好看。

孩子是有审美能力的，他们知道什么是美。

如果你让她自己用笔画“苹果”，那简直惨不忍睹，她自己也看不下去。

愿意“贴纸画”也不错，不但可以锻炼宝宝手部的精细动作，还能够试探她对于一个画面空间布局的把握。

我画了一幅关于“春天”的图，并向2岁的淇淇描述了一下春天的美景，然后递给淇淇一个小盘子，盘子里面装了我剪好的小草和花朵的贴纸。

春天天气真好，
小草爬满山坡，
花儿朵朵开放，
蝴蝶到处飞舞。

第一步：念诵童谣，描述春天的景色，激发宝宝学习兴趣。

第二步：要求宝宝观察画面，用手指出，画面的上方是什么（天空），画面的下方是什么（草地），知道“上”和“下”。提问：小草和花朵应该长在什么地方？

第三步：要求宝宝依次拿出盘内的小草和花朵卡片，摆在画面上合适的位置。

第四步：引导宝宝观察，这样的画面美不美，帮助宝宝纠正画面，最后用双面胶固定小草和花朵。

如果你和我一样热爱绘画，可以画出各种各样的“春天”画面，让宝宝在你的图画上进行二次创作，如果你比较懒，可以上网下载和打印画面，甚至在书店，也能找到类似的东西。

2岁的淇淇非常喜欢这一类毫不费力，并短时间就能获得成功满足感的游戏，因为她完成得不错，我打算加大挑战性，赋予她更多自我表现的机会，让这幅画更有创造力一些。于是，在第二天，我还是递给淇淇同样的画，但是，我只要求她贴上花朵，小草则要自己用笔画上去。(图85)

图85 春天来啦

画小草十分简单，只需要掌握笔画笔道就可以了。淇淇将小草“挤满”花朵与花朵之间的空隙，直到她觉得已经没有地方画小草了，小草已经足够多了，才停下来。

这幅作品变得很“饱满”。

游戏86 长颈鹿的围巾

我们创作作品的时候，不可能只用一种手法。这就好比谈恋爱，你要用上三十六计和七十二变，恋爱才会显得丰富而有生命力。我和淇淇爸爸恋爱时，他每次约会都单调重复，只用一招：吃牛排。我们吃了一年牛排，结婚以后，我们两个人再也不愿意踏进任何一家牛排馆。

绘画的创作手段有很多，每一种手段都能创作出令人惊喜的作品，最常见的是：用笔。

笔的选择十分重要，3岁以下的孩子练习涂色的初期，你一定要选“油画棒”而不是“水彩笔”。油画棒画出的色块大而饱满，如果你让2岁的孩子给一个大苹果涂色，叫她用水彩笔涂，她会恨死“涂色”这件事儿，涂到脖子都僵直了，苹果都没有涂完。

而画小而精细的东西，就要用到水彩笔了。

我为淇淇准备了一幅“长颈鹿”的画面，很显然，这只长颈鹿要去参加春天的一场舞会，它打扮得十分漂亮，就差这一条围巾。(图86)

图86 送给长颈鹿漂亮的小围巾

方法一：请宝宝使用油画棒或者蜡笔，选择自己喜欢的颜色，为长颈鹿的围巾涂色。重点：不能将色块涂出“控制线”。

方法二：请宝宝使用蜡笔或者水彩笔在长颈鹿的围巾内画“点”，装饰围巾。

方法三：使用印泥，让宝宝用拇指或者食指蘸印泥，印在长颈鹿围巾上。

方法四：和孩子一起将报纸或者蜡光纸、皱纹纸、挂历、便签条等不同材质的纸张撕碎，用糨糊或胶水粘贴在长颈鹿的围巾上。

方法五：可以同时使用两种工具，例如水彩笔和印泥，先用印泥蘸画，再用彩笔添加图案，让宝宝体验两种手法结合后创作出的作品，学习使用更多的材料和工具进行画面表现，激发想象力。

其实，这一条围巾还能有其他更有创意的装饰法，每一个灵感都能带来新的体验。我和淇淇一起讨论，还有什么东西可以装点在围巾上，于是，淇淇打量房间的四周，甚至是厨房和客厅的茶几，寻找可以用来装饰的物件。这是一个很有意思的过程，因为她寻找来的东西也许根本和围巾的大小不匹配，她来回折腾，很考验她的“智慧”。最后，我们找到了纽扣、花生壳、瓜子壳、小瓶盖儿等东西来装饰这一条围巾，让围巾变得更加立体、好看。

就这么一幅画，就这么一条围巾，我们玩了一个星期。

创造力，也许就是这么来的。

游戏87 添画花园

因为淇淇正处在“绘画敏感期”的初始阶段，仿佛一艘在大海中茫然漂泊的船只，她需要灯塔，需要有人教她如何体验航海的乐趣，所以，我花了很多的心思，来帮助她掌握绘画的基础技巧。

每一个周末，我都会带上淇淇，去西湖公园赏花。公园里的花总是被园林工作者打理得十分有形，包括盆景。他们将花朵簇拥在一起，摆出好看的图案，不但不显得杂乱，反而让人赏心悦目。

一个花圃里面，多一朵花显得拥挤，少一朵花觉得缺憾，要刚刚好，才能给人饱满的美感。

有了视觉的印象以后，我绘制了一幅“花圃”的图画，让淇淇根据自己的喜好，进行“添画”。(图87)

图87 花园里可多花啦

花园里面真热闹，
红的花，白的花，
朵朵花儿开得欢。
浇浇水，捉捉虫，
花儿乐得笑哈哈。

“添画”要考验孩子的整体布局能力，考验她对空间的把握水平，并让孩子学习“画圆”，每一朵小花都可以用一个小圆圈来表示，圆圈要有“闭合口”。

在这个过程中，还要提醒孩子注意两点：

（1）不要将“花朵”画出“花园”的轮廓；

（2）不要将花朵重叠，挤成一团。

每当淇淇完成一幅绘画作品，我都会将它张贴起来，并对她的作品加以赞赏。

在孩子6岁之前的整个阶段，“绘画”都一直是孩子进行思维和语言表达的一种方式，孩子们甚至通过“绘画”来学习其他领域的知识，例如，孩子们学习数学，也必须经历一个“绘画”的过程，他们要学习2和3合起来是5，则需要通过画出2朵花和3朵花，然后进行点数，要经历这样一个从具体的画面到抽象的算式的理解过程。

● 延伸游戏

1. 灯笼画

买或制作一个没有图案的灯笼，让宝宝使用水粉颜料和毛笔，往灯笼上画线条，并用圆圈进行装点。

2. 窗 花

给宝宝不同颜色的蜡光纸，或者直接使用白纸，家长协助宝宝进行折叠，教宝宝“撕纸”，摊开后编成形状各异的窗花（白纸需吸水，染印成彩色），重点是要求孩子将窗花贴在窗户合适的位置，例如，只有一朵窗花则贴在窗户的中间；如果有两朵窗花则可以贴成“对角”；三朵窗花则可以进行规则或不规则排列，等等，以发展孩子空间布局的能力。

温馨提示：

1. 绘画敏感期：“敏感期”一词是荷兰生物学家德·弗里在研究动物成长时首先使用的名称。后来，蒙台梭利在长期与儿童的相处中，发现儿童的成长也会产生同样现象，因而提出了敏感期的原理，并将它运用在幼儿教育上。

孩子从1岁以后开始出现“涂鸦”，是绘画的萌芽期，到3~6岁出现高峰期。孩子3岁之前“涂鸦”期的引导十分重要。

2. 控制线：指图案的外轮廓。在要求孩子涂色时，应注意提醒孩子不要涂出线外。

3. 关于画笔的选择：婴幼儿用来创作“绘画作品”的材料丰富多样，可以选择毛笔、排笔、水彩笔、油画棒、蜡笔、印泥等等，不要局限于一种绘画材料。

4. 关于“握笔”形式：由于孩子手骨尚未发育成熟，孩子握笔的方式以他喜欢的、好握的方式为主。孩子可以竖着全掌握笔，也可以横着握笔，如果油画棒太长，甚至可以掰成两半——“笔”仅仅是我们的“工具”，以孩子方便为第一考虑要素。

3.5 喉咙就是你的乐器

◆**游戏名称**

游戏88：模仿听过的声音

游戏89：用嗓音讲故事

◆**游戏目的**

1. 培养宝宝的领悟力和理解力。
2. 探索嗓音的表现力。
3. 为学习唱歌做准备。

◆**游戏时间**

任何时候。

◆**游戏准备**

无。

不管你有没有常常播放一些乐曲或者歌曲给孩子听，他们似乎都会对歌唱产生兴趣。孩子们会更加注意唱歌的人，而不是说话的人。

在夏夜的小区广场，每天都会有一群爱好歌唱的人在那里聚集，有演奏乐器的、拉灯布放投影的、有调试音响的……人们在那里自动排成队列，学唱各种歌曲。大家管这个广场叫“激情广场”。

歌唱确实能够让人身心放松，并且扩大肺活量，愉悦心情，身体健康。

听多了，你就喉咙发痒，很想唱。

淇淇每次驻足在激情广场，都不舍得离开。

她很想唱，只是不知道怎么唱出声音。

唱歌发出的声音似乎和说话的声音是不一样的，连需要用到的力气都不一样，表情也不一样。

当爷爷在客厅看京剧节目的时候，两岁半的淇淇也呆呆地坐在那里看，那慢慢腾腾的唱腔简直让她着迷，而我就没法忍受京剧里头简单的一句话可以拖上两分钟，咿咿呀呀地唱，听不出一个所以然来。可是这些偏偏适合老人和孩子。

淇淇一边听一边看京剧人物的身段、手势和表情，这忽然让我觉得，原来

“唱歌”也是一种很好的教“语言”的方式。

我们说的话总是要符合当下我们的心情，用“唱”的方式能体现出更深一层的情绪变化，而且很有趣。

两岁半的淇淇出现了想“唱歌”的愿望，这不是简单的说话，而是一种“嗓音的声响”游戏。

游戏88 模仿听过的声音

毫无疑问，这个世界上百分之百的学习都来自于模仿，小孩模仿家长的性格，长大以后人们会说：“这孩子的脾气和他爸的脾气一样冲。”学生模仿老师的板书，工作以后他自己会说：“我从来没有临摹字帖，字写得好看完全是抄老师板书抄出来的。”公司新人模仿老员工，外国人吃中国菜模仿我们拿筷子。

有模仿才有创造，才有超越。

声音也是这样，是可以模仿的。

我和淇淇模仿小猫的叫声、小狗的叫声、小鸟的叫声等，并且编出了有趣的“动物们都怎么叫”的童谣。淇淇通过模仿发音，发现自己的嗓音简直神奇无比，能量大得让自己都无法相信。(图88)

图88 给宝宝模仿各种声音

小猫小猫喵喵喵喵喵！（双手打开放在脸颊旁）
小狗小狗汪汪汪汪汪！（双手四指并拢，大拇指放在双耳下扇动）
小鸭小鸭嘎嘎嘎嘎嘎！（双手五指并拢上下叠在一起一张一合）

小鸡小鸡叽叽叽叽叽！（双手大拇指和食指分别触碰在一起）
青蛙青蛙呱呱呱呱呱！（双手曲臂，五指打开上下伸展）
小猪小猪呼噜噜噜噜！（双手握拳在鼻子前来回转动拳头）
只有小兔不说话，（伸出双手食指和中指，立在头上）
竖起耳朵静静听！

游戏89 用嗓音讲故事

天底下的妈妈似乎都是会讲故事的妈妈，有的甚至不用看《一千零一夜》，自己编。有一位天才妈妈就编呀编呀，编出了一部《哈利·波特》。

全天下的孩子也都是喜欢听故事的，但是他们不听无趣的故事，故事要讲得好听，就一定要出现各种“嗓音”变化。淇淇喜欢听我讲故事，不喜欢听爸爸讲故事，爸爸不会演戏，他连故事中人物的对白都念不好。

为了让两岁多的淇淇能够体会到嗓音的魅力，除了讲述普通的故事之外，我们也“创造故事”。(图89)

图89 爱听故事的小人儿

我给淇淇出了各种各样的题目：

1. 《繁忙的早晨》：淇淇想象早晨妈妈在厨房打蛋、煎蛋的声音，淇淇刷牙、洗脸的声音，妈妈开水龙头的声音等。我们一边讲述一边模仿着这些声音，觉得快乐无比。

2. 《火车站》：妈妈和淇淇去旅行，在火车站候车厅听到广播催促人们检票的声音、人们窸窸窣窣排队的声音、检票时咔嚓的声音、火车鸣笛的声音、车轮开动的声音。

3. 《暴风雨》：我们难免会遇到可怕的暴风雨，轰隆隆的打雷声、霹雳闪电划破夜空的声音、大雨倾盆而下的声音、狂风吹落花盆的声音、小雨淅淅沥沥的声音。

淇淇很乐于和我一起回忆这些经验，并且用语言和嗓音描述这些情境，我坚信这对于她运用语句也有着深远的影响，这种回忆、想象和描述方式甚至能够一直陪伴她到小学，到中学，无论是写日记还是作文，都是宝贵的经验。

● 延伸游戏

1. 听听这是谁的声音

引导宝宝倾听妈妈的说话声，对声音产生兴趣并练习模仿，妈妈用适当的声音说话或歌唱以下这个游戏：

这是我的说话声，
这是我的悄悄声，
这是我的尖叫声，
这是我的唱歌声，
这是我的"哈哈哈哈"笑声！

2. 唱短句

可以编唱一些短句，让宝宝去模仿。例如妈妈唱："宝宝是个调皮蛋。"一直重复，每重复一次就用同样的动作胳肢宝宝一次，几次以后，宝宝就会"报仇"了，她也许就能模仿你的声调和旋律唱出："妈妈是个调皮蛋。"

温馨提示：

1. 嗓音的声响游戏是一种富有创造力的语言和音乐教学形式，能够培养宝宝的观察力和创造力，让宝宝更自信地去表现自己的嗓音。因此，家长在引导的时候，自己就要尽量在语气和动作上"放开"，夸张的语气和表情、动作更能引起宝宝的共鸣。

2. 话不是说得多就好，2～3岁的宝宝已经可以听得懂很多话了，他们现在反而更加需要学习"聆听"，因此，家长应该创造一些机会，引导宝宝注意倾听各种声响，并去模仿它们。例如停下来倾听车水马龙的声音，站在阳台倾听对面阳台上阿姨洗衣服的声音，等等。

3.6 五彩缤纷才够美

◆**游戏名称**

游戏90：喜欢红色的汤姆猫

游戏91：分书包

游戏92：三只蝴蝶

◆**游戏目的**

1. 引导宝宝认识“红”、“黄”、“蓝”三种颜色。

2. 引导宝宝能够辨析颜色的深浅，并且根据颜色的渐变顺序进行排序。

3. 提高婴儿的观察力，能够为颜色进行配对。

◆**游戏时间**

每日1~2次，每次10分钟。

◆**游戏准备**

三种颜色的木珠或积木，色卡，缎带，海绵纸，纸蝴蝶，纸花等。

婴儿们初来乍到这个世界，看到的东西都是黑白的，0~3个月是婴儿们视觉发育的黑白期。在这段时间，宝宝看到的只是黑白两色，而且视物距离只有20~30厘米。到了4~12个月，婴儿们才会迎来视觉的色彩期。而这个时期，宝宝的视觉神经对彩色的东西非常敏感，视觉范围也扩大到了1~2米。

虽然婴儿们在1岁左右就能分辨许多颜色，但是，他们并不确切知道这些颜色对应的名称，到了淇淇2岁的时候，她已经可以用语言来表达她的想法，并且具备了更强的分辨能力，这个时候来对颜色进行命名，是最合适不过的了。

可是，即使婴儿们对彩色的东西很敏感，但用什么样的色彩效果会更好，也是有区别的。根据三原色学说，可见光谱内任何颜色都可由红、绿、蓝三色组成的，这三种颜色纯度高，易于辨认。教婴儿认识颜色，可以从三原色开始。

游戏90 喜欢红色的汤姆猫

教淇淇认识颜色，为颜色命名，我们是从最好辨认的红色开始的。但是，如果仅仅只是向淇淇出示红色的积木、红色的丝巾、红色的唇彩，似乎显得太无趣了，婴儿们要在游戏中学习。

我向淇淇出示了一只自制的“汤姆猫”，其实是一只纸猫。(图90)

图90 你好，汤姆猫

（一）讲述情景：

这是一只超级喜欢红色的汤姆猫，它去商场买衣服，问售货员：“请给我红色的帽子”（出示红色纸帽）、“请给我红色上衣”（出示红色纸衣）、“请给我红色裤子”、“请给我红色鞋子”。

（二）命名：

将红色纸帽、上衣、裤子、鞋子依次摆放在宝宝面前，并且说：“这是红色”。每摆一件物品，要重复说一遍，但是不要说“这是红色帽子”，因为我们的教学重点是“红色”，而不是“帽子”，抓住重点，其他的通通刻意忽略，这也是教婴儿们进行各种物品认知的技巧。

（三）辨视：

将“汤姆猫”递给宝宝，让宝宝带领“汤姆猫”去寻找自己要买的物品，并提问“红色帽子在哪儿”“请将红色上衣递给妈妈”等。

（四）确认：

每当孩子指认正确时，都应重复一次颜色的名称，例如，孩子按照要求指出红色帽子，妈妈则应进行“确认”：“对，这是红色。”

我自制了许多许多小纸片，让这只“汤姆猫”尽情地“购物”，淇淇带着这只“汤姆猫”，在食品店买红蛋糕、红糖果，在超市买红柿子、红苹果。

如果我真的有这么一只偏爱红色的猫，我一定生不如死。

认识红色的游戏我们反复玩了整整3天，当我要求淇淇将红色的积木从一堆五颜六色的积木中挑选出来，淇淇准确无误地办到时，我知道，我们可以认识下一种颜色了。

游戏91 分书包

经过2周的努力，淇淇不但可以准确地辨认颜色，说出颜色的名称，还能够按照指令进行初步的分类。既然“完成学业”了，我们就应该进行一下“小测”，检验一下自己的教学成果。

我自制了一张“分书包”的画，以及红色、黄色的纸片书包若干，请淇淇将纸片书包分别放在两张“桌子”上。(图91)

图91 分书包

（一）首先出示纸片书包，请宝宝辨认书包颜色。

（二）在两张“桌子”上分别用彩笔标好颜色，例如在桌子A的中心画上红色的圆圈，在桌子B的中心画上蓝色的圆圈，给宝宝一个参照物。

（三）请宝宝根据桌子上标注的颜色，将对应颜色的书包贴在桌面上。

这只是一个简单的“分类”游戏，淇淇很快就完成了，于是我将纸书包撕下来，让淇淇进行“排序”：一个红书包，一个蓝书包，一个红书包。

游戏92 三只蝴蝶

这个游戏，是考验孩子是否能够准确辨析红、黄、蓝三原色的好办法。

改编《三只蝴蝶》：

（一）出示蝴蝶，认识三种颜色。

有三只蝴蝶，一只红蝴蝶，一只黄蝴蝶，一只蓝蝴蝶（向孩子出示纸蝴蝶后，将蝴蝶依次摆放在桌面上），它们一起出去玩，突然天空下起大雨，三只蝴蝶找地方躲雨。

（二）红花与红蝴蝶配对。

它们飞到红花下面，红花说："我只让红蝴蝶躲雨。"（向孩子提问"红蝴蝶是哪一只"并进行配对），三只蝴蝶说："我们三个好朋友，要来一起来，要走一起走。"三只蝴蝶飞走了。

（三）黄花与黄蝴蝶配对。

它们飞到黄花下面，黄花说："我只让黄蝴蝶躲雨。"（让孩子进行配对），三只蝴蝶说："我们三个好朋友，要来一起来，要走一起走。"三只蝴蝶飞走了。

（四）蓝花与蓝蝴蝶配对。

（五）进行二次配对。

三只蝴蝶没有地方躲雨，宝宝将小雨伞借给他们好吗？出示三张小伞卡片，让孩子进行颜色配对，红蝴蝶用红伞，黄蝴蝶用黄伞，蓝蝴蝶用蓝伞。

（六）结尾。

天晴了，太阳出来了，三只蝴蝶抖抖翅膀上的水珠，高兴地对宝宝说："谢谢你！你真是个好宝宝。"三只蝴蝶飞走了（收起纸片）。(图92)

图92 三只蝴蝶

辛辛苦苦做的蝴蝶和花的纸片，如果只用一次，似乎太可惜了。因此，我们编了一段“蝴蝶找花”：

将三只蝴蝶分别粘贴在纸条上，绕成圈，变成“蝴蝶指环”，戴在宝宝的食指上。（一次戴一种颜色即可）

再将三朵花也做成“花指环”，戴在妈妈的食指上。

红蝴蝶，飞呀飞，（抖动红蝴蝶指环）
飞到花园歇一歇，
红花美，红花艳，（抖动红花指环）
红花配上红蝴蝶，（食指对碰）
花园里面转个圈，（食指对绕）
请你在花上歇一歇。（双手合掌，枕在脸颊旁）

除此之外，我们还将蝴蝶和花分别贴在浴室的镜子上、漱口的牙杯上、淇淇的玩具上，贴在她喜欢的地方，每当路过的时候，我们都会说：“你好，红色。”

有了色彩，我们的生活才变得五彩缤纷，五彩缤纷的世界让我们感到快乐。

在淇淇认识完红、黄、蓝三原色之后，我并没有急于让她认识其他的颜色，而是丰富和巩固对这三种颜色的感知，进行了“颜色渐变”的视觉教学尝试。将红色按照渐变的色差进行排序，让淇淇体验颜色越来越深，或越来越浅，让她感受到“渐变”带来的层次美。

● 延伸游戏

1. 积木分篮

准备3个小篮子，篮子的底部向上的一面贴注红、黄、蓝三种颜色的纸片，将所有的积木都混装在一个大篮子里，让宝宝根据3个小篮子中的颜色提示，把大篮子里的积木挑拣出来，放进对应的小篮子中。

2. 揪尾巴

购买3条不同颜色的丝巾，或者用3种颜色的皱纹纸、缎带做成“尾巴”，分别系在爸爸、妈妈和宝宝的身后，玩揪尾巴的游戏。

3. 贴标大赛

将红、黄、蓝三种颜色的卡纸剪成大小一样的圆形若干个，再自制三种颜色的“小旗子”贴在墙壁上约一米高的位置，让孩子触手可及。妈妈和宝宝向对方发令，当妈妈喊出“红色”时，宝宝应拿起红色的圆点卡贴在红色的小旗子下面。妈妈喊，宝宝贴，宝宝喊，妈妈贴，一人一次。妈妈可以故意贴错，让宝宝纠正。

温馨提示：

1. 什么是“色盲”：一种先天性色觉障碍疾病，最常见的是红绿色盲。

2. 教宝宝们认识颜色时，应遵循“一次只认识一种”的原则，并且重复3～5天，直到确定宝宝能够准确指认该色，才算通过，进入下一种颜色的认识。

3. 如何自制玩具：游戏中所用到的纸猫、纸蝴蝶、纸花、纸伞等物，均可在网上下载自己喜欢的图片，打印后涂上颜色即可。

4. 认识颜色“渐变”：在认识完三原色之后，可以让宝宝感受渐变。渐变是美学中一条重要的形式美法则，形状、大小、位置、方向、色彩等视觉因素都可以进行渐变。在色彩中，色相、明度、纯度也都可以产生渐变效果，并会表现出具有丰富层次的美感。

3.7 小鸟睡在树枝上

◆游戏名称

游戏93：什么东西是“1个”

游戏94：“1”和“许多”

◆游戏目的

1. 宝宝能够进行1、2、3三个数字和数量的配对。
2. 宝形容词喜欢数学游戏，知道“1”和“许多”。
3. 提高宝宝观察力，能够口手一致进行点数。

◆游戏时间

每日一次，10～15分钟，每次一种游戏方法。

◆游戏准备

游戏卡，数字卡，扣子、剪刀等日常用品。

大人们总是很喜欢考小孩，让孩子数自己的手指头：你几岁啦？如果是1岁还好办，2岁就太糟糕了，3岁之前的孩子总是不能控制住手指，把食指和中指立起来。如果你和2岁的孩子玩“小兔跳”，他们的“耳朵”总是弯的。

淇淇也2岁了，周围的亲戚朋友也很喜欢捉弄她，你一问她几岁了，她就要低头扳手指，扳很久，因为很难。她要学习第一件事情是：将数字和数量进行配对，例如“1岁”是一根手指，“2岁”是1、2，两根手指。

最可怕的还不是扳手指，而是分清“1”和“许多”。

以前的教育大纲认为，3岁左右的孩子能够正确点数5以内的数，就已经很成功了。但是现在的孩子不同，他们比我们那个年代的孩子聪明100倍，你带他们去麦当劳吃薯条，你说，只能吃5支薯条，然后将5支薯条摆在她面前，她会用眼睛看啊看，对“5”这个整数进行目测，进行一个“量”的判断，如果她认为少了，她就会自己点数一遍：1，2，3，4，5。

而有一些小孩则不是这样，他们对“数字”和“数量”没有概念，他们认为“一个”是很少的意思，而“两个”是很多的意思。

在早教班吃点心、分饼干的时候，2岁的甜甜总是向老师要更多：“我要两个，两个。”老师一次一次添加，当在她的盘子里堆满5块饼干的时候，她还是盯着你手里的饼干盒，说：“还要，要两个。”于是，我们就知道，甜甜“两个”的意思，是要“许多个”。

现在，2岁的淇淇也有同样的困惑，这种困惑在孩子中间很普遍，无论是男生，还是女生，都应该能够完全控制“数字”，而不是对它产生恐惧。有很多女生，一看到大一些的数字头就发昏，她们的数学一定念得一塌糊涂，她们驾驭不了数学。

游戏93 什么东西是“1个”

“1”是天底下最好认的数字了，它独一无二。无论你要数多大的数量，你都要从“1”开始。“1”显得至关重要。可是，小婴儿们不知道什么是“1”，也许他们知道，但是不能够将“1”的数字和数量匹配起来。

这就好比婴儿们完全懂得小狗长什么样子，但是他不能将“小狗”的文字和它本身配对起来。

这个需要教。

我将卡纸剪成了许多小方块，在小方块里写上“1”，这样我们就拥有了许多个“1”，我要和淇淇一起去寻找数量是“1”的东西。

在家里：在桌上摆放数量是“1”的东西，例如，一个杯子、一把调羹、一只碗、一把剪刀、一本书，然后进行示范摆放。

“一个杯子。”同时取出数字“1”的卡片放在杯子下面。

“一把牙刷。”同时取出数字“1”的卡片放在牙刷下面。

示范2～3种实物和数字的配对后，将数字卡片依次递给孩子，让孩子根据你的提示，将卡片摆在相应的实物下面。

在户外：带上数字卡片，带孩子在户外寻找数量是“1”的东西，例如看见一张长椅，就说：“一张椅子。”然后在椅子上放一张数字卡片，同时说：“这是1，1个。”(图93)

因为这个世界上的东西几乎都是由“1”变成“许多”的，所以，你非常好找到“1”的东西，一棵树、一片叶子、一辆车、一个石头。

这个游戏，我们玩了好几天，淇淇高兴地说：“哇，这么多1！”

这么多的“1”，就叫做“许多”。

图93 这是“1”个

游戏94 “1”和“许多”

妈妈们总是比较细心的，在和孩子相处的时候，要有着敏锐的观察力，要像黑夜中的猫似的，竖起耳朵，眼观六路耳听八方，要能及时地捕捉来自孩子的信息。

做一名优秀的教师，也是如此。

妈妈就是孩子的第一任老师，也是最重要的老师，尤其要如此。

当淇淇开始感叹“1”变成“许多”的时候，我们便开始了新的探索。

我在桌面上分别摆上妈妈和爸爸的照片，当然，你也可以摆上两个毛绒玩具，然后抱着一个饼干盒，向淇淇示范：

爸爸妈妈吃饼干，

爸爸吃一个，请你放上“1”，（在爸爸照片下放一块饼干）

妈妈要吃许多个，请你放“许多”，（在妈妈照片下放许多饼干）

哪一边是“1”？请你指出来。

哪一边是“许多”？请你指出来。

这样的游戏仅仅是给淇淇建立了一个初步的概念，如果要检验淇淇是否掌握了这个概念，则需要通过另外一种玩法来试探。

我在篮子中装满苹果，然后向淇淇提出要求：

“淇淇，请给妈妈一个苹果。”(图94)

淇淇越来越喜欢这种具有支配感的游戏，她为我们分更多的东西：分铅笔、分扣子、分筷子、分钱——家里能分的东西，我们都分了。

这样重复单一的游戏，能够让孩子进行数学概念的巩固，加深她的理解。

图94 给妈妈1个苹果

● 延伸游戏

1. 点点卡

在卡片上用水彩笔画上一个点，或者许多个点，然后让宝宝根据你的要求拿起相应的卡片，例如，“请给我1”，宝宝举起画上一个点的点卡，“请给许多”，宝宝举起画上许多点的点卡。

2. 目测游戏

制作无数张圆点卡，例如，第一张画一个圆点；第二张画两个圆点……一直到画50个圆点。将圆点卡像放小电影胶片一样，在孩子面前闪示，一秒钟闪一张，一边闪示，一边说：“1，2，3，4，5……”婴儿具备超级的记忆力和辨析能力，她能够将你所闪示的东西像照相一样记在脑子里，产生联想和印象。经过一段时间的训练，她能够准确地一眼辨认数量多少，你问她“15”是哪一张，她能在3～5张不同数量的卡片里找到“15”这个数量的圆点卡。

温馨提示：

1. 在游戏1中，进行数字和数量的配对时，要将数字卡片放在实物的下方，而不是左边或者右边。

2. 在认识“1”和“许多”的游戏中，不要给孩子提供超过两种物品，让孩子辨析哪一边是“1”，哪一边是“许多”。只要两种就可以了。

3.8 你要学会选择

◆游戏名称

游戏95：你只能选一样

游戏96：鸭子、鸭子，鹅

◆游戏目的

1. 发展宝宝想象力。
2. 发展宝宝对选择的接受。
3. 提高宝宝社会交往能力。

◆游戏时间

上午、下午均可。

◆游戏准备

饮料，衣服，书本，玩具，食物，标志性的装饰物（警徽、蛋糕店员、医生标志等）。

有一些地方会有这样的风俗：孩子满周岁的时候，要“抓周”。人们在桌子上摆着笔（代表学者）、钱币或算盘（代表经商）、玩具枪（代表警察）、玩具听筒（代表医生）等，然后让孩子去选择。

无论选什么，大人都十分开心，仿佛预示着将来孩子就会成为某方面很成功的人。

“选择”是人生最大的难题。

在淇淇30个月的时候，我们将这个“选择”的概念教给她。这是一个重要的概念，懂得选择的人，才是会生活的人。

游戏95 你只能选一样

我曾经听到一个2岁孩子的奶奶，非常无奈地向我诉苦，她的孙女每天早晨都不吃饭，奶奶摆了豆浆、牛奶、面包、果汁、白粥、花生浆，孙女就没有一样瞧上眼的，连水都不想喝。

这么多繁杂的食物，让人眼花缭乱，孩子干脆都不选了。

宝宝2～3岁的时候，我们应该发展她对于选择的接受，你必须在这“两样”当中选一样，而不是“三样”、“四样”，或者更多。

这就像姑娘出嫁，可以供你挑选的人太多了，来提亲的人把你家门槛都踩烂了，姑娘就是一个没看上，因为很难“选择”，她希望A男有B男的长相，B男有C男的才华，C男有D男的多金。

你就给她两个选择：不是张三，就是王五。

于是她很快就可以做出判断：嫁了！

宝宝也是这样，从一开始，你就只能给他“两种”，请他在两者之间选择一个。

这个需要训练。

第一步：同时把两件同类但是不同款式的物品递给宝宝，例如牛奶和橙汁、蓝色的衣服和红色的衣服、玩具小车和玩具娃娃、一本动物的书和一本交通工具的书。

第二步：将两种物品逐一介绍。

第三步：要求宝宝选择其一，等候孩子做出选择，不容许她两样都要。

刚开始的时候，宝宝对选择是没有概念的，我就是两样都要，为什么不可以？这个时候，我并不向淇淇解释，为什么不能两样都要。即便是我对“选择”这个概念做出了精辟无比的解释，她也是听不懂的。我只是很坚定地对她说：“只能选一样！”(图95)

图95 只能选一样

这个时候，可以不跟她讲道理。

很遗憾，因为淇淇没有办法做出选择，她放弃了，干脆不理我。

我将两件物品都拿开，稍后再问她。

在我坚持不懈的反复要求下，换着物品让她选择，她终于按照要求妥协了，知道两者之间选其一。

我对淇淇每一次的表现做了记录，记录也是妈妈要做的很重要的功课，因为通过记录宝宝的表现，能够让我知道每一个阶段应该进行什么难度的训练。

“选择游戏”是一件很有难度的训练，因为，它让宝宝知道，当你拥有一件物品时，你必须放弃另外一件。

爱情也是这样，这个人不错，那个人也不错，可你只能同一个人结婚。

游戏96　鸭子、鸭子，鹅

经过一段时间的训练，淇淇已经能够接受“选择”，她的模仿力十分惊人，事实上，每个孩子的模仿力都很强大，他们所有的经验都来自于模仿。

淇淇要求下楼和伙伴们一起游戏。

同龄的孩子比较容易走到一起，因为小的孩子爱找大孩子玩，而大孩子则不喜欢和小孩子玩，我们只好找刚刚好的。(图96)

图96 除了妈妈，伙伴很重要

玩什么呢?

玩“鸭子、鸭子，鹅”吧。

在这个游戏中，每一个孩子都要做出选择。

成为鹅，是这个游戏中最有趣的部分。

孩子们围成一圈，分配一下角色，你可以选择鸭子或者捕捉者。

淇淇先当捕捉者站在圈外。

（一）捕捉者在圈子外面走，边走边念边拍小朋友的头：鸭子、鸭子、鸭子。

（二）拍任意一个小朋友的头：鹅！然后“鹅”就要站起来绕着圈子去追淇淇，淇淇必须在“鹅”追到她之前跑到“鹅”原来坐的位置上。

（三）“鹅”没能捉住淇淇，她成为了新的捕捉者，开始游戏。

孩子们都不满3岁，刚开始游戏的时候，需要妈妈们一起参与，并且提示孩子你是鸭子还是鹅，你要赶快跑还是坐在地上给奔跑中的“捕捉者”拍手加油。

几次游戏下来，孩子们觉得十分快乐，也慢慢懂得怎么玩了，他们的反应能力变得更快更好。于是，在每一次游戏重新开始的时候，孩子们更加愿意做出选择。

● 延伸游戏

1. 我来帮帮你

在妈妈做家务的时候，可以将宝宝带在身边，给她提供更多的选择机会：帮妈妈递夹子或是擦桌子；整理玩具或是晒袜子。

2. 我要吃什么呢

去超市买菜的时候可以带上宝宝，买菠菜还是花椰菜、猪肉还是牛肉、香蕉还是苹果。

温馨提示：

在教孩子选择的时候，一定是“两者选其一”。刚开始宝宝不愿意做出选择的时候，不要灰心，要说：“那么，妈妈帮你选××”，多试几次，宝宝就学会了选择。

3.9 折叠是个技术活儿

◆游戏名称

游戏97：切面包

游戏98：折手帕

◆游戏目的

1. 提高宝宝手部精细动作，锻炼宝宝小肌肉群的控制能力。
2. 发展宝宝手眼协调能力和自我控制能力。
3. 使宝宝建立初步的等分概念。

◆游戏时间

任何时候。

◆游戏准备

大馒头或面包若干，餐刀，A4白纸若干，手帕，动物贴纸，食物贴纸等。

几乎每一个孩子都喜欢折纸，我小的时候就很喜欢各种用纸折叠的东西。我的奶奶经常坐在院子里，用纸折出小船、宝塔、绣球、孔雀等各种各样的东西，她甚至能折出手枪、青蛙。我们围在奶奶身边都很安静，等待她将折好的东西赏给我们玩。

我也试图学习折纸，但是，折纸对于幼小的孩子来说，是很精湛的技艺，你首先要了解你手里的纸张，它们有四条边和四个角，这很重要。可是以我那时候的眼力，我实在没有办法进行“边角对折”的工作，我承认两岁半的我比两岁半的淇淇要笨得多了。

淇淇现在也是两岁半，我要教给她“对折”的概念。

自己会折纸真好，你可以变出很多自己想要的玩具：飞机、船、帽子。你拿一张废纸就能玩一个下午，根本不用买玩具。

可是，“对折”首先有一个“二等分”的概念，你想要将一张纸对折，将一张纸平均分成两半，你要找到那条中线。

我要想办法让淇淇先找到这条中线，知道什么叫“对半”。

只要你学会了“对半”，这个世界上很多事情都变得容易多了，有时候，“平均分”是解决矛盾最好的办法。

游戏97 切面包

如果你只是扔给宝宝几片面包，让她随便切，她会将面包弄碎，剁得像喂小鸡吃的似的。所以，你必须要给宝宝一个指令，下达这个指令还需要技巧，要讲述一个关于分馒头的故事。

大面包，白又白，狐狸灰狼都想吃。

狐狸说：分了吃！我的不能比它少！

灰狼说：分了吃！它的不能比我多！

吵呀吵，吵不停，你说馒头怎么分？

大馒头，对半切，狐狸灰狼一样多。

淇淇听完这个故事以后，她知道自己身上担负着艰巨的使命，她可不能让狐狸和灰狼打起来，既然交给淇淇分面包，淇淇就应该对这件事情完全负责，要严肃认真地对待。

这是一个人做事情的态度问题。

我拿起餐刀，一手按着馒头片，另一手持刀将其切成两半。

示范完以后，我将餐刀递给淇淇，让淇淇切面包。(图97)

图97 我会切面包

你不用为此感到担忧，孩子会不会切到小手啊，会不会弄伤眼睛啊。当一个人在专心做一件事情的时候，她是不会伤害到自己的。淇淇从来没有因为切面包或者切小青瓜、西红柿等弄伤自己。当然，这也并不意味着你可以完全不管她，3岁以下的孩子在游戏的时候，家长最好在边上看护着，安全是第一位的，我们要在保证孩子安全的前提下，离他们远一点儿或者适时上前帮助他们。

淇淇在切面包片的时候，她会自己进行“目测”，大约什么位置是“中线”，然后一刀切下去。目测是孩子学习“自然测量”所要具备的一种能力，所以，当孩子判断完“中线”切下去的时候，你千万不要大呼小叫：“你这是对半切吗？明明一半大一半小！”

事实上，当面包片被孩子一切为二的时候，就已经产生了“错误控制”，你切得准确不准确，一眼就看出来了，孩子自己能够判断，根本不需要你叫唤。

游戏98 折手帕

以前我们上幼儿园的时候，都会随身携带一条漂亮的手帕，现在的孩子都不带手帕了，他们带纸巾，叫做“手帕纸”，用完就可以丢弃，根本不用洗。

妈妈们都变懒了。

能源这么紧张的时代，还是低碳一些，使用棉布手帕或者绢帕会好一些。

手帕是四方形的，用这个教孩子对折最好了。(图98)

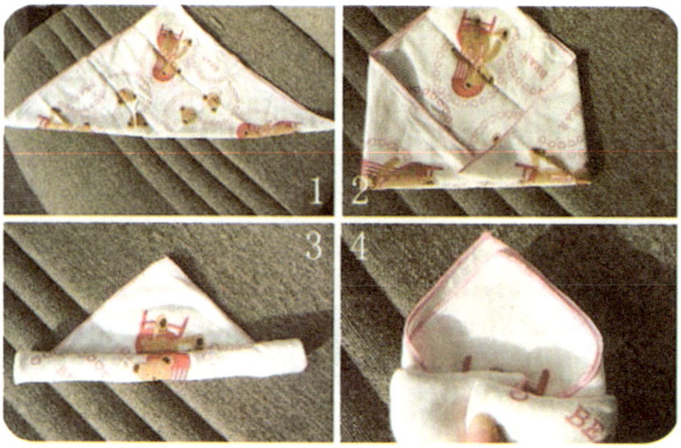

图98 手帕这样折

我将手帕铺平摊开，让淇淇像我一样伸出右手食指抚摸手帕的每一条边，每一个角。

小手帕，四方方，妈妈宝宝都爱它。（摊开手帕，双手向外摸平）

数一数，四条边，1，2，3，4。（伸出食指逐一沿边摸一遍）

四个角，在四边，1，2，3，4。（用食指逐一点数四个角）

四条边，四个角，边对边来角对角。（边角对折）

折呀折，对折一下变小了！（再次对折一次）

折好的手帕可以放进口袋里，那需要折成一个小豆腐块儿。但是，如果你要拿个别针什么的别在胸前的话，你就需要折叠成长方形。所以呢，你要教给宝宝根据存放手帕的空间大小来决定折叠手帕的次数，折一次还是折两次。

● 延伸游戏

1. 龟兔赛跑

可以提供不同材质的材料，和宝宝一起比赛边角对折的速度，例如将纱布、洗碗布、手帕、毛巾、浴巾、白纸、皱纹纸、卡纸、枕巾等对折，看看谁折得又快又好。

2. 剪剪乐

用白纸或者卡纸画出各种不同的形状，圆形、椭圆形、三角形、正方形、长方形等，让宝宝目测这些图形的中线位置，用笔画出“对半”的中线，给宝宝一把“安全剪”，让她沿着中线将图形对半剪开。

温馨提示：

1. 馒头或者面包应先切成约1厘米厚的薄片，再交给宝宝对半切。给宝宝的餐刀也应是比较钝的餐刀，而不是锋利的水果刀。

2. 什么是“错误控制”：宝宝通过自己的行为结果去调整或者检验自己的行为过程的一种方法。

3. 对半（或者平均分）的概念也可以用在日常与宝宝分享食物上，让宝宝为大家分苹果、分面包等食物，甚至可以用在处理宝宝和其他伙伴之间争抢食物和玩具的纠纷上。例如，当两个人对食物产生分歧，都怕不公平时，则由其中一个人来分，另一个人则先选。让宝宝知道，对半（或者平均分）是公平的做法。

3.10 大自然的力量

◆**游戏名称**

游戏99：沉下去，浮起来

游戏100：什么东西不见了

◆**游戏目的**

1. 了解一些科学现象，培养宝宝探索科学的兴趣。
2. 学习沉、浮的物理知识。
3. 有初步的“溶解”概念。

◆**游戏时间**

任何时候。

◆**游戏准备**

小动物卡片，托盘，小雨花石，小积木，洗澡盆，水杯，调味品（糖、盐等），黄豆，花生等。

每个周末，都是我们甜蜜的“家庭时光”。有一段时间，我们很喜欢去江滨的融侨酒店喝早午茶，那儿有一整片的小林子，有人工的小湖和木桥，整个弧形的大片落地窗。2岁的淇淇很喜欢这个地方。

春天的时候，淇淇站在人工湖边，她捡起地上的石头或者落叶，扔进湖里，如果没有保安来制止她的话，她可以扔很久。

我袖手旁观的原因并不是我没有公德感，而是等待淇淇的观察。她在不断扔石头和落叶的时候，会长时间蹲在湖边看，并不说话。她一定觉得很奇怪，为什么石头沉到了湖底，而落叶却浮在湖面上？

如果能够不被保安抓住的话，我倒是宁愿再给淇淇一些东西——餐巾纸或小树枝，让她通通往湖里丢。

可我不能这么做，即便我愿意承担罚款。

守候在淇淇身边等待她观察的时候，我意识到，她对这样的现象感到疑惑，这有趣的沉浮让她着迷。

但是她不问我。

不问我，我也就不特意问她。

游戏99 沉下去，浮起来

因为淇淇已经2岁了，她都是站着淋浴，这样就没有机会在洗澡的时候玩这样的沉浮游戏了，而淇淇2岁之前玩这个沉浮概念，又显得没有意义，以她当时的心智，建立不了这样的概念。

这使得我必须将以前的澡盆从储藏室搬出来，放在阳台上，再找一些必要的东西，让淇淇更多地去观察，什么样的东西会沉下去，什么样的东西能够浮起来。

第一遍：自由探索

这个游戏完全不需要说过多的话，甚至不需要铺垫。人天生是喜欢水的，孩子们都喜欢玩水。只要你端来一盆水，她自己能创造出许多玩法，让自己开心。

淇淇注意到排列在澡盆周围的东西：A4白纸、小丝巾、积木、小纸盒、塑料“雪花片”、雨花石、钥匙、硬币。

她毫不客气地将所有的东西依次捡起来丢进水里。有趣的是，她每丢一样东西，就会停上几秒，似乎在等待那个结果：沉下去？还是浮起来？

因为我提供了更多的材料进行试验，这让淇淇感到更加好奇，也更加困惑。

但我还是不说话。好奇能够勾起人们的求知欲。

第二遍：教育概念

第二天，我找来两个小脸盆，每个都装了半脸盆水。

小动物们和宝宝一起玩，玩得真高兴。现在，它们要去洗澡啦！让我们一起给小动物洗个澡吧！

1. 将打印有小动物的纸片发给宝宝。

2. 请宝宝将纸片放入水中，观察纸片的形态，重复概念：浮起来！浮起来！

3. 将小脸盆放在一边，取出另一盆水，并将小雨花石发给宝宝，请宝宝将雨花石放入水中，观察雨花石形态，重复概念：沉下去！沉下去！

4. 将两盆水摆放在宝宝面前，观察它们的不同：有的东西会浮起来，有的东西会沉下去。

5. 让宝宝根据自由探索得到的经验，将其他的物品投放到水中，会沉下去的扔在雨花石脸盆里，会浮起来的扔在纸片脸盆里。(图99)

图99 沉下去，浮起来

很显然，会沉下去的东西并不多，水具有让人惊奇的能力。在这个过程中，我并不向淇淇解释为什么有的东西会沉下去，为什么有的东西会浮起来，因为这个时候的她，要得到的仅仅是模糊地判断物品沉浮的能力，她只需要得到一个“现象”，一个相对的现象。

不做过多解释还有一个好处，就是当你只是用肯定的语气，简单重复“沉下去”、“浮起来”的时候，而不是对物体本身进行天花乱坠的描述，孩子们会更加专注于这个现象本身。

在科学的领域里，学习专注地观察现象是很有必要的。

游戏100 什么东西不见了

这个显然也是有趣的物理现象。当孩子对某一种物理现象开始着迷的时候，他们会更加关注到生活中各个方面微小的变化。当淇淇要求我在她喝的水中放一些蜂蜜的时候，当我在自己调配的奶茶中放入一些白糖的时候，淇淇注意到：蜂蜜和白糖都不见了。于是她要喝一口，从放蜂蜜之前和放蜂蜜之后的不同味道，她知道，蜂蜜并没有消失，它在水里。

可是，是不是所有的东西都能够放进水里藏起来呢？

（一）可以溶解的：

我将家里的玻璃水杯都摆到桌面上，当然了，这要满足两个条件：

（1）水杯必须是透明的，不透明怎么观察呢？

（2）水杯中的水必须是温开水，而不是自来水，不然怎么喝呢？

然后，我们需要几个调味瓶，并且事先要和孩子约定好：装糖的调味瓶贴上红色的圆点，装盐的调味瓶贴上蓝色的圆点——因为淇淇不识字啊，当然，你也可以用小动物比如喜欢吃糖的蚂蚁贴在糖罐上。

然后，就可以让孩子自己拿起小调羹，逐一、分别往玻璃杯中倒一些白糖、盐、味精、蜂蜜、奶粉，然后再搅拌一下。

淇淇发现它们都不见了，它们去哪儿了？

这一步就很重要了，它们并不是消失，而是“溶解”了。但是，光用“看”，并不能让孩子认识到这一点，“眼见为实”就不能放在这个地方，你需要尝一尝。

当然，还有很多东西可以溶解，洗衣粉、洗衣液、面粉等，但是这些东西不能吃，如果非要扩展一下孩子的眼界的话，在孩子已经了解“溶解”概念的基础上，让他们看看洗衣粉倒进洗衣机后发生了什么，这样就可以了。

（二）不能溶解的：

更多的东西是不可溶解于水的。如果生活中大部分的东西都能溶解于水的话，那我们就别活了。

第二天，我用小碗装了一些花生、黄豆、香菇、绿豆，让淇淇分别用调羹舀进装了水的玻璃杯中搅拌。我们等啊等，很显然，它们是不能溶解的，即使你等到80岁，它们也化不了。(图100)

图100 溶化吧，黄豆！

因此，我们得到一个认识：有的东西可以溶于水，有的不能。

这就好比，这个世界上，有好人也有坏人；有的东西可以吃，有的不能；有的事情可以做，有的不能；有的朋友可以交，有的不能。

凡事皆有道理，皆有因果。

● 延伸游戏

1. 郊 游

当宝宝对大自然产生兴趣以后，要多带宝宝到户外走走，观察树木、蚂蚁、花草等，并且告诉宝宝一些简单的自然知识，例如当前的季节以及明显的季节特征，也可以特意选在下雨前后带宝宝观察动物们的活动等，让宝宝保持探索的兴趣，让他们爱问“为什么”。

2. 溶解快慢

如果宝宝稍微大一些，2～3岁的宝宝，还能够知道“温度越高，溶解越快”的现象。可以在桌上摆放开水、温水、冷水、冰水，再将白糖同时放入杯中，观察溶解的速度。

温馨提示：

1. 为宝宝提供沉浮或者溶解试验材料后，必须陪伴在宝宝身边，保证宝宝的安全，观察宝宝的举动，切勿离开而让宝宝单独操作。即使她已经玩了数十遍这样的游戏，你也不能大意。

2. 当宝宝产生对自然现象的兴趣的时候，她会有一段时间很着迷于一些探索性的活动，例如不断地往水里扔树枝，或者捡一些树叶回家。请不要担心，孩子的这些行为仅仅持续一小段时间，就会消失，不用制止这种行为，认为这是调皮的表现，而应当给予必要的引导。

3.11　万能积木大变身

◆游戏名称

游戏101：埃及金字塔（发展空间概念）

游戏102：粉红塔（认识大小及三维空间）

游戏103：调皮的积木宝宝（认识上、下、里、外空间方位）

◆游戏目的

1. 发展婴幼儿对空间的概念以及逻辑思考能力（顺序性）。
2. 促进宝宝手眼协调及肌肉运动的控制力。
3. 提高宝宝敏锐的观察力。

◆游戏时间

每日3次，每次反复5遍。

◆游戏准备

积木，杯子，粉红塔（蒙氏教具）。

“积木”可能是每一个婴儿必备的玩具之一了。从1岁的时候用积木练习抓握，到2岁的时候用积木认识颜色、形状，再到3岁的时候用积木进行建构和排序等，积木的利用价值和使用频率是其他玩具无可比拟的。

就是这么看似简单的“积木”，据说起源于建筑的模型，能够以最基本的立方体，创造出特别的模型，而建筑学本身，就是一门精深的学问。

可是，很多妈妈只是把积木买回来，让宝宝们自发探索积木的玩法，除了用积木搭高之外，似乎一无用处。

其实，无论是立体的“搭高”，还是平面的“横排”，或者是更加具有挑战性的组合式积木，都给宝宝们带来了创造性思维的发展，增加了孩子们的空间智能，丰富了他们的想象力。

现在的问题是，积木买回来以后到底怎么玩？怎么配合宝宝每一个阶段的心智发展来设计有意义的积木游戏，来帮助他们开发逻辑思维和增强动手能力呢？

游戏101 埃及金字塔（发展空间概念）

30个月的婴儿完全可以将积木一块一块依次垒高，方木连续搭高7～8块而不倒，是21个月大的孩子轻而易举能办到的事情。因此，再让30个月的淇淇一个劲儿地搭高积木，确实显得有些“幼稚”了，她可以尝试新的空间变化。(图101)

图101 我会建金字塔

（一）准备6块同样大小的正方形积木和1个小木珠。

（二）妈妈示范将其中2块积木并排摆好，第三块放在上面。请宝宝观察这个“成品金字塔”。

埃及有个金字塔，（手指搭好的积木）

下面大，上面小，（分别指向“金字塔”顶端和底部的积木）

下面摆两块，1，2，

上面摆一块，1，

金字塔，像楼梯，

拇指娃娃跳上去！（让小木珠逐级“跳”上积木台阶）

（三）妈妈将其中2块积木并排摆好后，第三块递给孩子，请宝宝将第三块积木放在上面。

（四）如果宝宝可以模仿步骤（一）完成动作，则将积木一个一个递给，要求宝宝将第二块积木放在第一块积木的旁边（中间不要留缝），第三块放在上面。

（五）让宝宝自由构建金字塔  或者火车头 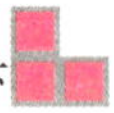  ，并可以在火车头后面添加“车厢”。

游戏102 粉红塔（认识大小及三维空间）

这是蒙氏教具中属于感官教具的一组，由10块木制的立方体组成，每一个立方体各边的长度从10厘米到1厘米递减。粉红塔的搭建方法有许多种，但无论是哪一种，都能够帮助婴幼儿透过视觉，正确地获得对三维空间差异变化的知觉。

（一）将10个立体方块任意摆放在地上。

（二）示范立方体的垒高方法：先选出最大的立方体，再请宝宝比较并选出次大的立方体，将它放到最大的立方体上。以此类推。

（三）依照从大到小的次序，依次垒高到最小的立方体为止。（垒高时要确定每一边所留的间隔必须相等）

（四）排完以后，请宝宝欣赏一下积木塔整体的协调感。

（五）问宝宝："要不要试试看？"让宝宝清楚看到塔的拆除方法。一个一个慢慢取下来，任意摆放在地上。

（六）让宝宝反复练习2～3遍。(图102)

图102 认识大小及三维空间

当淇淇可以全神贯注地办到这一点后，我将粉红塔的摆放作做了一些必要的变化。

变化1：改变序列的放置方式

（1）对齐正方体的两面及其夹角，竖直向上垒高。

（2）斜角交叉垒高。

变化2：找出原来位置

（1）让淇淇把10个正方体垂直垒高。

（2）请淇淇闭上眼睛，妈妈从排好的10个立方体中慢慢抽出1个，将抽出的立方体放在“塔”旁边。

（3）请淇淇张开眼睛，观察。

（4）提问：“这是从哪儿抽出来的呢？”请淇淇指出正确位置。

也许你并不相信，在这样一个简单的粉红塔积木中，蕴藏着复杂的数学原理。淇淇在摆排的过程中，通过动作和观察，得到了关于“三维空间”（即X轴、Y轴和Z轴）、等差级数（第一个正方体和第二个差1厘米，第二个和第三个差1厘米，依次类推，这在孩子的操作中，用最小的一粒正方体一级一级做比较就可以直观地得到这个经验）、递增递减等。

我们除了竖着垒高之外，也将这10个正方体积木做平面的摆排，最大的放在最前面，最小的放在最后面，我们站在最大的积木面前看这个“粉红塔”，就会发现，离我们近的东西大，离我们远的东西小，这对淇淇将来学习绘画构图，也有着潜在的影响。

游戏103 调皮的积木宝宝（认识上、下、里、外空间方位）

积木除了拼摆之外，同样可以用于变魔术，准备一个有盖子的杯子，混搭在一起游戏，同样可以发展宝宝对空间的概念。

（一）将一个积木放在杯子下面，并告诉宝宝：“妈妈将积木放在杯子的下面。”（加重“下面”的语气）

（二）让宝宝重复一遍你的动作，并说出“放在下面”。

（三）重复2~3遍，等宝宝熟练后，同样的方法让宝宝认识“上面”、“里面”、“外面”。

（四）让宝宝根据你念诵的儿歌中的提示，将积木放在杯子的上面、下面、里面和外面。(图103)

积木宝宝真调皮，跑来跑去不肯停。（将积木递给宝宝）

一会儿爬到杯上面，（暗示宝宝将积木放在杯子上）

一会儿溜到杯下面，（暗示宝宝将积木放在杯子下）

妈妈想找小积木，它赶紧躲到杯里面。（暗示宝宝将积木放在杯子里）

积木积木快出来，请你到杯子外面来！（暗示宝宝将积木从杯子里取出）

呀！捉到你啦！（当宝宝将积木从杯中拿出放在杯子旁时，假装拎起积木）

积木的玩法千变万化，玩法不同，达到的教育目标就不同，但是对于30~36个月大的淇淇来说，有一种玩法是最没劲儿的，就是让她看着“积木搭建图”，模仿搭建，这完全不可能。她和其他这个年龄的孩子一样，不喜欢也不能够按照“建构图”原样照搬地搭建。懒妈妈可能会将买积木时附带的“建构图”贴在墙上，让他们的天才宝宝自学成才。

图103 调皮的积木宝宝

● 延伸游戏

1. 铺路

挑拣方形或者正方形的积木，让宝宝学习拼接、延长的技能。

2. 羊圈

讲述“亡羊补牢”的故事，让宝宝将积木围成围墙，帮助搭建“羊圈”，将积木连续封闭，学习“围合”的技能。

温馨提示：

1. 以上游戏适合30～36个月的婴幼儿。因为每一个宝宝不同的领域发展水平是不同的，会出现明显的个体差异性，例如有一些宝宝在语言方面能力强，动手能力则相对弱一些，这和家庭环境和父母的引导有着密不可分的关系。而积木游戏涉及空间方位、逻辑思维、精细动作等诸多方面，所以，游戏适应的年龄跨度要更大一些，同一个游戏可能36个月大的宝宝能玩，而能力强的33个月大的宝宝也能达到。

2. 关于“粉红塔”：这是蒙特梭利教具中的一组，属于“感官”教具，即通过视觉、触觉、味觉、听觉等帮助孩子学习的一组教具。粉红塔的最大的作用是教给宝宝关于大、小的认知和三维空间的变化。由于“粉红塔”的制作十分严谨，没有其他日常玩具可以替代它的教育作用，因此，家长只能通过购买或者玩具租赁等形式获得，有心的家长可以用硬纸板自制“粉红塔”。

3.12 婴儿打发时间的艺术

◆**游戏名称**

游戏104：妈妈的刀叉

游戏105：五只小鱼

◆**游戏目的**

1. 锻炼宝宝手部小肌肉群的力量，促进其手部精细动作发展。
2. 提高宝宝手眼协调能力。
3. 激发宝宝语言与动作一致的关联能力。

◆**游戏时间**

任何时候。

◆**游戏准备**

一肚子的《手指谣》。

我刚从学校毕业，分配进幼儿园当老师的时候，满腔高涨的工作热情，没日没夜地加班，从粉刷教室墙壁到油漆桌椅、从画壁画到班级区角布置，身兼泥瓦工、油漆工、画师数职。一个超帅的男生非常倾慕我的姿色和才华，他说："懂得休息的人，才懂得工作。"

但是，如果"休息"指的是恋爱的话，那就不叫"休息"了。

恋爱是要花脑子的事情，我不想花脑子。

结婚生了淇淇以后，也是这样，我满腔育儿激情，想把天下最好的东西都给孩子，花心思设计一大摞的益智游戏，一大摞的游戏需要准备一大摞的"游戏材料"，你难免有罢工的念头，问自己累的时候可不可以不陪孩子？

不陪孩子，我有负罪感。

但是，至少不要捣腾那么多游戏材料吧，休息一下。

不用游戏材料的游戏，那就是"手指游戏"了。

和宝宝玩手指游戏，就叫做"休息"。

你在任何地方、任何时间、任何情况下都可以玩手指游戏，用来打发时间。老人用"打麻将"来打发时间，可以预防老年痴呆；婴儿可以用"手指谣"来打发时间，可以促进手眼协调和语言发展。

这个游戏在医院排队等看病的时候可以玩，在家里无聊的时候可以玩，在飞机上、地铁站、巴士站，通通可以玩。

游戏104 妈妈的刀叉

对于艺术家们来说，创作总是来源于生活，婴儿的手指游戏也是这样，它们来源于生活。

厨房一直都是妈妈的领土，我在厨房干活的时候，喜欢把淇淇放在童车里，一边干活，一边和她聊天。等淇淇一岁半以后，我会搬张椅子让她站在洗水池边上看我洗菜、洗碗，到两岁多的时候，她完全能够帮我一起切小黄瓜了。

她熟悉厨房的一切。

《妈妈的厨房》

这是妈妈的剪刀，（伸出食指和中指做“剪刀”状）(图104)

咔嚓咔嚓咔嚓。

这是妈妈的锤子，（左手五指并拢，摊开手掌；右手握拳）

嘣嘁嘣嘁嘣嘁。（右手握拳上下捶打左手掌）

这是妈妈的夹子，（伸出双手拇指和食指，向前做拿捏状）

叽咕叽咕叽咕。（拇指和食指轻抓捏宝宝腋下）

这是妈妈的菜板，（摊开手掌，伸出双臂）

图104 妈妈的剪刀

咔咔咔咔咔咔。（上下颠动双臂）
这是妈妈的围裙，（双手叉腰）
扭呀扭呀扭呀。（左右扭动身体）
妈妈在厨房，真美啊！（双手打开抱住宝宝）

我几乎每一次都用同样的节奏，换成不同的词，来吸引淇淇的注意力，让她持续保持和我一起进行手指游戏的兴趣。

这是妈妈的镜子，美呀美呀美呀；
这是妈妈的头梳，梳呀梳呀梳呀；
这是妈妈的耳环，戴呀戴呀戴呀。
这是妈妈的香水，喷呀喷呀喷呀。

“妈妈”念完了以后，换成“爸爸”来念，念完“爸爸”念“奶奶”。淇淇对于这样稳定的语式结构和朗诵节奏熟悉了以后，她自己就能提议：“爸爸的呢？爷爷的呢？”当你创编出与家庭成员的行为特点相关的童谣之后，孩子会感到亲切熟悉，也乐意模仿你的动作，去表演家庭成员的日常活动。

这样的创编显得非常有意义。

游戏105 五只小鱼

几乎所有的孩子都很喜欢鱼，鱼不说话，安静地游来游去。你赞美它，它不惊不喜；你骂它，它也不急不气。就算你不给它水，它也一声不吭，顶多扑腾两下。

鱼是人类最好的朋友。

淇淇只有4个月的时候，我放一个大鱼缸在地上，鱼缸前面摆一张小毛毯，淇淇趴在毯子上，她看鱼游来游去，可以看很久。累了，她就休息一会儿，然后再抬头看鱼。

现在的淇淇已经两岁零三个月了，她不是喜欢看鱼，而是喜欢“养”鱼。给鱼喂食，刚开始的时候，每天都有很多傻鱼被撑死。

五只小鱼

五只小鱼水里游，（伸出右手，用力撑开五指）
一只说：“有点冷！”（伸出右手食指，摩挲左臂并耸起肩膀）
两只说：“很快乐！”（伸出右手食指和中指，做胜利状）
三只说：“想睡觉！”（伸出右手三指，贴在脑边做睡觉状）

四只说："潜下去！"（向下伸出右手四指）

五只说："有艘船！"（伸出右手五指，放在脑门上做瞭望状）

一艘大船开过来，（向前伸出双臂）

撒下网儿捉小鱼，（收放食指数次）

五只小鱼游开来！（左手藏于身后，伸出右手并撑开五指，手掌向下，晃动五指，向右移动手臂）

两岁多的淇淇已经知道一个手掌有5个手指了，所以，当我玩这个游戏的时候，她很明确我们说的是五只小鱼的故事。而对于那些对数字1～5没有概念的婴儿来说，这个手指游戏也是一个不错的引导，当你对应自己朗诵的句子，伸出相应数量的手指时，宝宝就已经将这个数字和数量匹配起来了。(图105)

图105 五只小鱼的故事

有很多宝宝只能够忍受同一个手指游戏玩3～5遍，再多，他们就觉得很无趣了，精神开始涣散。所以，你可以记住至少2个手指游戏，每个玩3遍。而有一些"大师级"的玩家妈妈，甚至能够将手指谣编成歌曲，随便套个每周金曲排行榜前10名的流行歌曲，将词换成手指谣，"骨灰级"的玩家妈妈则是自己瞎编，不管你怎么编，宝宝都很崇拜你。

● 延伸游戏

1. 手指谣《拍拍你的手》

拍，拍，拍拍手，慢慢拍拍你的手。

拍，拍，拍拍手，快快拍拍你的手。

耸，耸，耸耸肩，轻轻耸耸你的肩。

跺，跺，跺跺脚，重重跺跺你的脚。

2. 手指谣《小老鼠》

吱吱吱，吱吱吱，老鼠爬上小桌子。（左、右手食指并拢做老鼠嘴状）

吃糖果，吃花生，吃得肚子圆滚滚。（双手摸肚子）

喵喵喵，猫来了，老鼠吓得头发昏。（张开双手放在脸颊旁来回摇）

没处跑，没处藏，滚下桌子要投降！（双手握拳，前后来回绕臂）

3. 手指谣《奶奶和爷爷》

这是奶奶的眼镜，（手指成圈放在眼旁）

这是奶奶的帽子，（手放头上）

奶奶总是握着手，（双手握在一起）

放在她的膝盖头。（把手放在膝盖上）

这是爷爷的眼镜，（手指成圈放在眼旁）

这是爷爷的帽子，（手放头上）

爷爷总是抱胳膊，（交叉双臂抱在胸前）

冲我点头一直笑。（点头）

温馨提示：

1. 在朗诵手指谣时，语速要缓慢，动作设计要简单易学，让宝宝易于模仿。

2. 在手指谣创编中，加入“象声词”，能够明显提高宝宝的学习兴趣。

3. 1～2岁的宝宝喜欢模仿各种说话的语调和动作，可以收集多一些的手指谣，表演给宝宝看，但是尽量不要图省事而给孩子播放影像碟片，因为3岁以下的宝宝视网膜发育并不成熟，长时间看电视容易造成弱视。

3.13　聪明婴儿与筷子的关系

◆游戏名称

游戏106：筷子歌

游戏107：筷子舞

◆游戏目的

1. 提高婴幼儿生活自理能力。
2. 提高婴幼儿精细动作的发展。

◆游戏时间

每日至少2次游戏，每次反复练习3～5次。

◆游戏准备

筷子，人物照片或大头贴，木碗、瓷碗、不锈钢碗各一个。

著名教育学家苏霍姆林斯基说：“儿童的智慧在手指头上。”淇淇从6个月开始，就学习从“全掌抓物”到“三指抓”，最后达到拇指和食指抓取小物件，并动作熟练。

很多的妈妈都喜欢让宝宝背诵古诗，默背自然数，而我则更加重视婴儿们的动手能力。在为淇淇创编的游戏中，我也大量地使用手指操，或者创造可以让她既能动手又能动脑的游戏内容。作为一名从事幼儿教育15年的工作者来说，我十分明确婴儿大脑发育与手指游戏的关联性。

科学家们也证实了这一点，人的大脑皮质和手指相关联的神经所占面积是最广泛的，大拇指运动区相当于大腿运动区的10倍，如果我们要培养聪明伶俐、才智过人的儿童，就必须让他们锻炼手指的活动能力。

让婴儿们学习使用筷子，可以作为训练他们手脑并用的内容之一。

30个月的淇淇，每天都有至少3次机会练习拿筷子，早餐、午餐、晚餐，除此之外的时间，我们还玩了许多和筷子相关的游戏。

游戏106 筷子歌

据说，中国是世界上最早使用筷子的国家，早在商纣时期，筷子就诞生了。一直到目前为止，日本、韩国、越南等东南亚的人们都在使用筷子。

如果我们将细长的筷子夹菜的那一端称为“筷子头”，另一端称为“筷子尾”的话，你就会发现，有的人筷子拿得近，接近“筷子头”，因为这样好夹菜，好控制筷子的开合口和方向，也好掌握夹取食物时的力度。而有的人则拿得远，将手指放在接近“筷子尾”的位置上。

中国人的筷子恐怕是世界上最长的筷子了，因为中国人喜欢热闹又好客，大家坐在一桌吃饭，筷子不长一点儿，你就夹不到菜。

所以，作为一个中国人，你不但要尽早学会使用筷子，而且要会使用长筷子。

向淇淇介绍筷子的起源和发展，是可能的了，我们还是换一种方法去认识筷子吧。

（一）准备两双筷子，一双成人筷，一双儿童筷。

（二）和孩子面对面坐着，双手各执一只筷子，如果可以，你在每一只筷子尾都贴上一张可爱的贴纸，或者和儿歌匹配的图案，甚至是爸爸、妈妈和宝宝的大头贴，都可以。然后一边念诵儿歌，一边敲击筷子，请宝宝模仿你。(图106)

图106 筷子歌

妈妈左手拿着一只筷子——筷子爸爸（筷子尾可贴上爸爸大头贴）。

右手拿着一只筷子——筷子妈妈（贴上妈妈的大头贴）。

《筷子歌》

筷子爸爸瘦又高，（左手举起，出示筷子）

筷子妈妈也很高，（右手举起，出示筷子）

他们两个在一起，（执筷的双手碰在一起）

相亲相爱不分离。

亲亲你，啵啵啵，（筷子对敲）

拉拉手，咿呀呀，（用右手拿好一双筷子，展示如何拿筷子）

夹口菜，喂你吃，（做出夹菜动作，假装喂宝宝）

夹口菜，喂我吃，（假装喂自己）

爸爸妈妈真快乐！

在这个游戏中，我并不要求淇淇能够拿好筷子，能够完全模仿我的动作，我仅仅是想让她了解筷子的特性和筷子的用处是什么。在儿歌之后，我还表演了用筷子夹小馒头、夹山楂等动作，而淇淇则一直在观察我的动作。

30个月的孩子也正处在“细节敏感期”，这个时期的他们观察力一级棒，甚至能够注意到地面上一丁点的小纸片儿，他们总是能捡到一些小东西，并拿在手里。

因此，不要太急功近利地教导婴儿们学习拿筷子，而是给他们更多的时间去观察。

游戏107 筷子舞

筷子当然是不会跳舞的，但是，生活总是充满无数的可能。为了让淇淇进一步感受筷子的魅力，喜欢筷子，我不惜搬出瓷碗、不锈钢碗、木碗，让淇淇感受筷子在不同材质的碗上敲击时发出的声音。

你还必须在碗上敲，因为，碗筷是不分家的，它们是一伙儿的！

（一）依次将2～3种不同的碗摆在桌面上，让宝宝敲击一下。

（二）将3个碗都摆在桌面上，进行演奏。

“宝宝，妈妈的筷子会跳舞。”

《筷子舞》

X X X | XX XX X0 | XX XX | XX XX | XX XX X0¶

A B C * * * * * * A B * * B C * * * * * * * *

5 6 5 | 66 63 50 | 53 13 | 21 23 | 33 23 10¶

敲筷子，敲呀敲筷子， 瞧这筷子 跳舞多美！美呀美呀美！

说明：

1. A、B、C分别代表依次敲击木碗、瓷碗、不锈钢碗；*代表筷子对敲。

2. 可以自由变换节奏，第一遍不要加入歌唱的部分，只需敲击稳定的节奏，让宝宝聆听；第二遍可以唱歌或者按照节奏念诵歌词，请确保第一遍和第二遍所敲击的节奏是相同的。(图107)

图107 筷子舞

确保每次敲击的节奏相同，这一点十分重要。如果你兴之所至，乱敲一气，那么，宝宝也会兴奋地模仿你乱敲一气，这确实能够体验到一些具有破坏力的快感，但是，很快地，你会因为宝宝每餐饭都热衷于敲筷子而悔青你的肠子。

音乐和噪声是不同的，你应该让宝宝明白这一点。

筷子的用处，主要是夹菜、进食；如果要赋予筷子创造力的话，也可以敲击出音乐，而不是噪声，噪声让人不舒服，如果宝宝这么做，你可以没收她的筷子。

● 延伸游戏

1. 夹蚕豆比赛

准备两个盘子，在其中的一个盘子里放一些煮熟的蚕豆，柔软的蚕豆比生硬的蚕豆更好夹一些。和宝宝比赛用筷子把蚕豆夹到另一个空盘子里。这个游戏可以锻炼宝宝的手眼协调能力，促进宝宝手部精细动作的发展。

2. 面包洞洞

买切片面包，让宝宝将筷子穿进面包，穿出一个一个小洞洞，让宝宝了解筷子和叉子一样，也可以叉食物。

3. 卷鸡腿

用毛线作为面条或者真的煮一份意大利面、圆面等，让宝宝手执一双筷子，将面绕成一团，变成一个“鸡腿”，教给宝宝更多筷子的使用方法。

温馨提示：

1. 什么是“三指抓”：宝宝用拇指、食指和他指（任意手指）抓取物品，称为“三指抓”。

2. 在为宝宝选择筷子时，涂彩漆的筷子不要使用，因为涂料中的重金属铅以及有机溶剂苯等物质具有致癌性，而且，随着使用中的磨损，筷子上的涂料一旦脱落，随食物进入人体，会严重危害人的健康。

3. 宝宝必须在成人的监护下使用筷子，或者玩筷子游戏，同时要注意安全，除了训练和进餐时间外，不要给宝宝筷子，更不要把筷子当成玩具让宝宝随意玩耍。

3.14　唱唱歌，跳跳舞

◆游戏名称

游戏108：找呀找呀找朋友

游戏109：摩托艇

◆游戏目的

1. 体验位移空间，让宝宝感知重量和速度的变化。

2. 令宝宝喜欢与人交往，发展宝宝在游戏中的合作能力，促进宝宝的社会化发展。

◆游戏时间

上午、下午均可。

◆游戏准备

自选舞曲，CD播放器。

在人类发明语言以前，他们是怎么交流的呢？他们需要通过绘画、肢体动作，或者借助一些物品帮助他们传达意思。好看一些的肢体动作，渐渐地被编排成了大家都能看懂的舞蹈。

有很多原始的部落，仍然保留着用“舞蹈”来叙述关于“收获”或者“传说”的主题，配上引起人们共鸣的节奏或者音乐，表达自己的情绪。

用音乐和舞蹈进行交流，这对于目不识丁的婴儿来说是再合适不过了。

我们确定，音乐和舞蹈就是一种交流工具。

淇淇2岁的时候，她更多地注意到了周围的小朋友，并跟在大孩子的后面，试图认识他们，加入他们的游戏。但是她十分害羞，还不知道如何加入他们，不知道如何打招呼。

游戏108　找呀找呀找朋友

要记住刚认识的朋友，你要花些心思对他的相貌和特点做一个概括，最好还能赞美一下你的新朋友，让他觉得你友善而且风趣，愿意和你一起玩。

于是，在交往的开始，我向女儿传达了这样的讯息，希望她将来能够成为一位人见人爱的淑女。

Hello，Hello，朋友，（XX XX ｜X X ）

短头发，大眼睛，（XX X ｜XX X）

穿花裙，蓝外衣，（XX X ｜XX X）

是男孩？是女孩？（XX X ｜XX X）

原来是个小女孩！（XX XX ｜XX X）

接下来我问淇淇：“你想和她一起玩吗？那我们一起去打个招呼吧！”

于是我带着淇淇接近穿花裙的小女孩，为了不吓着对方——她也仅仅是一个孩子，我们靠近的时候和她保持一定的距离，一个让小女孩觉得安全的距离。

“我叫淇淇，想和你一起玩，你叫什么名字？”

我代表淇淇向“花裙子”问好，这个示范十分重要，而且事实证明，在许多次的“代表问候”之后，淇淇已经学会了这样的问候方式。(图108)

图108 我们一起玩吧

小女孩同意和淇淇一起玩，但是，很显然，淇淇也不知道从哪儿玩起，怎么玩。这就好比那种相亲后初次约会的人，找不到从哪儿开始聊天的话题。

“你的裙子真漂亮，能让我摸摸你的花边吗？”

获得小女孩认可后，我们进一步牵了她的手。

太好了，孩子们可以牵着手一起走走。

当然，有的时候，这一招并不管用。有一些孩子看到你就跑了，你都还来不及自我介绍。可是这并没有关系，于是我告诉淇淇：“你看，她像小兔子一样跑了，她很害羞。”

这个世界并不都如你安排的一样，孩子长大以后，她会慢慢发现，不是每一件事情都能如她所愿。

这就是社会。

所以，要淡定。

不要因为被拒绝而沮丧、被忽视而自卑，同类的人才会走到一起。

游戏109 摩托艇

你要是总跳兔子舞，过了一周，宝宝和妈妈都觉得有些吃不消了，这项运动比健身房的大操课要辛苦得多，宝宝期待更多有趣的游戏。

这一次，我希望由淇淇来领导活动。

我将这个简单的游戏悄悄告诉淇淇，当然，她还很小，只有2岁，表达能力还很不好，我必须协助她，给她更多的提示，让她能够将这个游戏表述清楚。

“淇淇，今天由你带领我们玩一个游戏好吗？”

“好。”

“游戏的名字叫什么？”

“摩托艇。”

“我们要先站成什么队形呢？”

“圆形。”

“好的，请妈妈和宝宝们手拉手，站成一个圆形——”

接下来就显得十分顺利，大家手拉手站成一个圆形后，我开始教妈妈们唱这首儿歌，唱第一句的时候，大家慢慢转圈；唱第二句的时候，转圈的速度加快；当唱到“加大油门”的时候，妈妈把宝宝抱起来，能转多快就转多快。

摩托艇，摩托艇，慢慢开，
摩托艇，摩托艇，快快开。
摩托艇，摩托艇，加大油门！
转转转，转转转，请你停下来！（蹲下）

手牵着手，围绕成圆形的游戏，这毫无疑问增加了孩子们的凝聚力，他们感觉每一天都彼此需要。孩子们开始更多地互相了解，有趣的是，有一些孩子甚至要求他们的妈妈也像淇淇妈妈一样，能够想出更多的游戏，于是，我们约定任务，每一次由不同的宝宝担任主角，让每一个孩子都有表现的机会。(图109)

图109 大家一起来

这让我想起社会上各种各样的小型组织，驴友会、登山协会、网球会——志同道合的人们因为爱好走在一起，他们每周都在聚会中找到乐趣。

这是他们的“社会圈子”。

而宝宝们，也有自己的“社会圈子”。

● 延伸游戏

1. 合作游戏

提高宝宝社会交往能力的活动有很多，2岁的宝宝还应该得到“合作游戏”的训练，例如，选择玩具车、球、手推车等，安排宝宝和其他小朋友做小组游戏，要提供足够多的玩具给孩子们，他们的年龄要相仿。

2. 配合游戏

用纸板或者一本书，做成一个斜坡，让一个孩子将玩具小车推下斜坡，另一个接住滑下的车，以此培养合作精神。

3. 角色扮演

在家进行“购物”的角色游戏，由家长担任售货员，宝宝担任顾客。也可以调换角色。

温馨提示：

1. 一般情况下，3岁以下的宝宝不能够很好地完成“分享”的要求，这是正常的现象，请给予更多的理解和宽容，不要用“你怎么这么小气”、“你太自私了”等批评的话语刺激孩子。

2. 在玩耍中发生矛盾的时候，最好用“转移注意力”的方法先让孩子停止打闹或者哭泣，不要马上要求孩子道歉或者和好，他们做不到。

3.15 调皮的苹果

◆**游戏名称**

游戏110：切苹果

游戏111：分苹果

◆**游戏目的**

1. 宝宝知道整体和部分的关系。
2. 宝宝知道苹果一刀切开有两半。
3. 宝宝建立初步的“分合”概念。
4. 宝宝有初步的“数的守恒”的概念。

◆**游戏时间**

每日1～2次，上午、下午均可，每次游戏15分钟左右。

◆**游戏准备**

苹果若干个，果篮两个，水果刀等。

世人对“苹果”似乎情有独钟。

中国式婚礼上，亲友们怂恿新郎新娘分吃一个苹果；西方也有和苹果相关的谚语：一天一个苹果，健康常伴左右。看起来，人们是真心喜欢苹果。

听说曾有这样一个故事：我们在切苹果的时候，总是竖着一刀切开，将苹果核分成了两半，而一位有意思的父亲，则给了孩子一个全新的体验，将苹果拦腰切开，一分为二，结果将苹果核切出了“星星”的形状。这个故事告诉我们，创造性思维，就是整出一点和别人不一样的东西，和别人不一样不算什么本事，得和大多数人不一样才行，标新立异，不走寻常路，才叫做“创新”，才能够带来新的视野和体验。

调皮的小孩都很有创造性，我以前一个同学，小学的时候常被妈妈打，因为他会用调羹刮桌面的漆，看看油漆下面有什么；生性懒惰的小孩也很有创造力，这个世界上很多东西都是懒人发明出来，例如拖把。

看来，创造力都来自于生活，来自于环境的影响，来自于日常生活。

苹果就是最“日常”的东西了，用“苹果”玩游戏，是大人和小孩都很省心省力省钱的游戏。

游戏110 切苹果

每一个妈妈可能都和我一样，在宝宝几个月大的时候，用不锈钢调羹刮苹果，刮出果泥喂宝宝。等宝宝长出牙齿了以后，就将苹果切成小块儿，让她自己拿着吃。孩子们每天都吃苹果，可是，很少有家长会问孩子：苹果一刀切开有几块？

这样的问题，我考过2岁的淇淇，她不知道。

这就需要进行实践。实践是检验真理的唯一办法。

我让淇淇坐在我的面前，示范将一个苹果竖着一刀切开，苹果变成了两块，数一数：1，2，两块。可是，这样对半切，看起来没有什么说服力，于是，我拿着淇淇的手，一起切苹果。我们不需要找什么“中线”或者“标准点”，想怎么切都行，反正是“一刀切开”，关键也正是在这里：“一刀切开”。因为淇淇的力气不够，眼力也不行，而我只是随着淇淇的动作，握着她的手，帮她加一些力道而已，所以，苹果一刀切开以后，会出现大小不一的两半。

无论哪一半大，哪一半小，都是两块。

于是，淇淇知道，当苹果“一刀切开”时，分成了两块。

切切，切苹果，（双手空手画圆）

我们一起切苹果，（右手五指并拢做切刀状，左手握拳做苹果状）

一刀切下去，苹果变两块，（摊开双手手掌）

一块给你吃，一块给我吃，（依次向前伸出左右手的手掌各一次）

一人分一块，苹果真好吃！（拍手）

在很多人眼里，分苹果算不上什么大事儿，可是2岁的宝宝不这么认为，他们并没有建立这样的分合概念，也不知道整体和部分的关系，所以，你还是必须特意地为宝宝演示一遍切苹果，并且让她自己进行一次尝试和点数，1，2，一刀切开是两块。

除了点数之外，必要的数学概念也应当教给宝宝，所以，我向淇淇提了一些问题：

“这一块苹果和谁合起来会变成一个苹果？”

淇淇将另一块苹果递给我。

“请你将苹果分成两半。”

淇淇将切好但被我特意合拢摆放的苹果分开来。

“请你将两半苹果合起来。”

淇淇又将分开的苹果块儿紧贴在一起。(图110)

图110 切开的苹果合起来

经过这样的操作和提问，淇淇已经基本懂得什么是“分”，什么是“合”了。这也正是我想要的结果，有了初步的“分合”概念，我们才能够进行下一个游戏。

游戏111 分苹果

大人们很喜欢让孩子分东西，如将自己的玩具分给别的小朋友玩，或者在家里给客人分糖果等。孩子也很喜欢分东西，在他们刚刚学会“分”这个本领的时候，他们的确很热衷于“分”的动作，因为他们在乎的是这个“分”的过程，而不是“失去”。

等到孩子再大一点儿，他们就会开始变得小气了，什么都不分：谁也别想从我手里拿走一分一毫。

因为，他们已经开始懂得“失去”，也出现了更强烈的支配欲和占有欲。

趁着淇淇还比较“傻”的时候，我教她“分苹果”，让她知道部分和整体的关系，也知道什么是“守恒”。

（一）切一小块：

刚开始的时候，我只是从苹果上切下一小块儿，然后让淇淇将这一小块儿分给坐在对面的小熊娃娃。小熊娃娃当然不会真的吃下去，这让淇淇很放心。然后我拿起这一小块儿苹果，放在小熊鼻子下面，让它“闻一闻”苹果的味道，再将这一块儿苹果塞回缺口，还原一整个苹果。于是，淇淇知道，这一小块儿只是苹果的一个部分 。(图111)

宝宝分苹果，切了一小块，
分给小熊吃，闻闻香不香，
苹果非常香，小熊舍不得，
苹果放回去，留着宝宝吃。

图111 请你吃苹果

（二）没有多也没有少：

我在淇淇面前摆了两个篮子，两个篮子里面分别装了两个苹果，然后让淇淇进行点数，黄色的篮子有几个苹果？1，2，两个；绿色的篮子有几个苹果？1，2，两个。它们一样多。接下来，我将黄色篮子里面的苹果一刀切开，得到4块苹果，再问淇淇：哪一个篮子里的苹果多？淇淇马上指了指黄色的篮子，很显然，4块苹果看起来比2个苹果要多。而事实是不是这样呢？我当着淇淇的面，将切开的苹果合并在一起，再让淇淇点数一遍，原来，它们的数量并没有增加，也没有减少。

淇淇对这样的现象感到好奇，她不停地将篮子中切开的苹果分开，合起来，再分开，再合起来，然后放在完整的苹果边上比啊比。确实，切开分成两块的苹果在体积上并没有变多，也没有变少。

其实，我们很难将一个数学概念和另一个数学概念完全分开，它们有很多时候是互相包容的，这就像切苹果，当你传递给宝宝“部分和整体”的概念的时候，实际上也教给了他们“分合概念”，宝宝们通过这些操作，去领会世间万物之间千丝万缕的联系。

● 延伸游戏

1. 水果切切看

在玩具店购买让宝宝尝试“切切看”的玩具，例如切胡萝卜、切黄瓜的玩具，这样的玩具可以很好地让宝宝认识部分和整体的关系。当你帮助宝宝将切开的“胡萝卜”重新粘合在一起的时候，要加重语气对孩子说“一个胡萝卜”，让宝宝注意到它们“合起来”是一个整体。

2. 花瓣心语

在卡纸上画出有3～5个花瓣的花，并让宝宝点数，有几个花瓣，然后剪下这些花瓣，让宝宝凭借回忆，将5个花瓣拼摆成一朵花，再次点数花瓣。通过这样的操作，为宝宝建立初步的“数的守恒”的概念。

温馨提示：

1. 在游戏中，如果设计了需要向宝宝提问的问题，那么，在向宝宝提问时，应当保证问题简短、易懂，不加入过多提示性的语言，以免影响宝宝的思维。例如提问“苹果一刀切开有几块”时，如果宝宝回答不上来，不要说和这句提问无关的话，像“你想一想？”“刚才不是妈妈切过了吗？”“你怎么这么笨？”等。

2. 如果宝宝在游戏中不能准确回答你的提问，你则需要再次演示一遍，无声的实践要比啰嗦的提示更容易让宝宝理解。

索引

◆提高语言智能的游戏

语言智能，是指有效运用口头语言或文字表达自己的思想并理解他人，灵活掌握语音、语义、语法，可将言语思维、言语表达和欣赏语言深层内涵的能力结合在一起并运用自如的能力。适合职业：政治活动家，主持人，律师，演说家，编辑，作家，记者，教师等。

◆提高数学逻辑智能的游戏

数学逻辑智能，是指有效地计算、测量、推理、归纳、分类，并进行复杂数学运算的能力。这项智能包括对逻辑的方式和关系，陈述和主张，功能及其他相关的抽象概念的敏感性。适合职业：科学家，会计师，统计学家，工程师，电脑软体研发人员等。

◆提高空间智能的游戏

空间智能，是指准确感知视觉空间及周周一切事物，并且能把所感觉到的形象以图画的形式表现出来的能力。这项智能包括对色彩、线条、形状、形式、空间关系很敏感。适合职业：室内设计师，建筑师，摄影师，画家，飞行员等。

◆提高身体运动智能的游戏

身体运动智能，是指善于运用整个身体来表达思想和情感、灵巧地运用双手制作或操作物体的能力。这项智能包括特殊的身体技巧，如平衡、协调、敏捷、力量、弹性和速度以及由触觉所引起的能力。适合职业：运动员，演员，舞蹈家，外科医生，宝石匠，机械师等。

索引

◆提高音乐智能的游戏

音乐智能，是指人能够敏锐地感知音调、旋律、节奏、音色等的能力。这项智能对节奏、音调、旋律或音色的敏感性强，与生俱来就拥有音乐的天赋，具有较高的表演、创作及思考音乐的能力。适合职业：歌唱家，作曲家，指挥家，音乐评论家，调琴师等。

◆提高人际智能的游戏

人际智能，是指能很好地理解别人和与人交往的能力。这项智能体现为善于察觉他人的情绪、情感，体会他人的感觉感受，辨别不同人际关系的暗示以及对这些暗示做出适当反应的能力。适合职业：政治家，外交家，领导者，心理咨询师，公关人员，推销人员等。

◆提高自我认识智能的游戏

自我认识智能，是指人能自我认识和有自知之明，并据此做出适当行为的能力。这项智能使人能够认识自己的长处和短处，意识到自己的内在爱好、情绪、意向、脾气和自尊，喜欢独立思考。适合职业：哲学家，政治家，思想家，心理学家等。

◆提高自然认知智能的游戏

自然认知智能，是指善于观察自然界中的各种事物，对物体进行辨论和分类的能力。这项智能体现为有着强烈的好奇心和求知欲，有着敏锐的观察能力，能了解各种事物的细微差别。适合的职业：天文学家，生物学家，地质学家，考古学家，环境设计师等。